発想の
源を問う

KISHIO KAKO
加固希支男

東洋館出版社

はじめに

　発想の源とは、子供が問題を解いた解法の基になっている見方や考え方である。解法の根幹となる考え方ということができる。よって、子供の解法に対して、「どうしてそうしようと思ったの？」と問うことが、発想の源を問うということになる。
　「その発想はどこから来たの？」でもよい。発問の言葉は、各クラスの子供の実態に合わせていけばよい。とにかく、解法の根幹となる考え方がどこから導き出されたものなのかを問うのである。
　発想の源を問うことは、言葉こそ違うが、昔から様々な先人がその重要性を唱えてきた。以前から算数・数学の学習においては重視されてきたのである。
　新しい学習指導要領が告示され、数学的な見方・考え方の重要性が叫ばれている。発想の源を問うことは、数学的な見方・考え方を養うことにもつながる。
　本書を読んでいただき、発想の源を問うことが、子供に様々な力を育てるきっかけとなることに気付いていただければ幸いである。そして、先人が築いてきたものの一部でもお伝えし、その重要性を少しでも感じていただければと考えている。

　そもそも私がこう考えるようになったのは、算数に対して苦手意識をもっていたり、自分で問題を解こうとしても動き出せなかったりする子供をなん

とかしたいと思ったことがきっかけである。

　これまで、算数の学習に困難を抱えている子供に対して、我々はどのような対応をしてきただろうか。

　まず考えられることは、基礎的・基本的な知識及び技能を身に付けさせることであろう。「辺」や「比例」といった言葉とその意味を教え、覚えさせる。また、計算や作図などは、できるようになるまで何度も練習をさせる。そうすると、形式的な問題は解けるようになる。

　一般的にいえば、「反復練習を繰り返し、テストの点数が取れるようになる」ということである。

　しかし、これでは本当に理解したとは言えない。「なぜそうなるのか？」ということまで理解できていないので、少し問題場面が複雑になったり、条件が不足したりすると、途端に解けなくなってしまうのである。

　そこで、教師は「なぜそうなるのかな？」ということを子供に考えさせるようになる。

　例えば、第5学年で学習する整数×小数において、計算の仕方が「整数と同じように計算して、あとで小数点を付ける」という手順で計算ができる理由を考えさせ、説明させるということである。

　形式的な手順の理由まで理解していれば、万が一、その手順を忘れたとしても、問題を解くことができるようになる。

　さらに、「算数が好きになれば、苦手意識も薄らぐだろうし、自ら問題に向き合うようになるだろう」ということで、教師が面白いと思う教材を用意したり、体を動かす授業を仕組んだりして、子供の意欲を引き出してきた。

　以上のことは、算数の授業をする上で効果的なものであり、これからも意識していかなければならないことである。

　しかし、こういったことをいくら意識しても、算数に対して困難を感じている子供は一向に減らないと感じていた。

　もちろん、テストの点数が上がったり、算数に対する苦手意識が軽減した

りすることはあった。

　何が変わらなかったかというと、「新しい問題を、自分で解決できる子供は、いつまでも同じ子供」という状況が変わらなかったのである。

　自力解決後の集団検討場面で、いつも同じ子供が説明している状況を打破できなかったのである。

　朝の時間や休み時間を使って、基礎的・基本的な知識及び技能の復習をし、問題の解法の理由も理解させるような授業を行い、なるべく楽しめるような教材を用意しても、いつも授業で発言できる子供は変わらず、「発言して説明する子供」と「友達の説明を聞いている子供」が、いつまでも同じままだったのである。

　「友達の説明を聞いている子供」を「発言して説明する子供」に変えるためにはどうすればよいのかを考えて続けてきた。その一つの答えとして、発想の源を問うことが必要なのではないかという結論に至ったのである。

　「友達の説明を聞いている子供」の多くは、目の前の問題の解法の理由は理解することができる。友達が、整数×小数の計算が「整数と同じように計算して、あとで小数点を付ける」という手順で計算ができる理由を説明してくれれば、その理由はわかる。

　しかし、小数×小数や分数×分数の計算の仕方を考えるとなったとき、また「友達の説明を聞いている子供」になってしまうのである。

　整数×小数の計算の仕方を考える授業においては、いろいろな解法が子供から出される。その一つひとつの解法の理由を理解するだけでは、次の学習に使えるようにはならない。

　もっと本質的な考え方を理解しなければ、自分で考えられるようにはならないのである。

　整数×小数の学習であれば、どんな解法にも共通する考え方として、「整数にする」という考え方がある。「整数にする」という考え方を理解していれば、小数×小数の学習をする際も、「どうにかして小数を整数に直せない

かな？」と問題を解決するきっかけを子供が考えることができる。
　そうすれば、整数×小数の授業では「友達の説明を聞いている子供」だったのが、小数×小数の授業では「発言して説明する子供」になることも可能なのである。
　では、本質的な考え方を理解するにはどうすればよいだろうか。
　多くの子供は、問題を「なんとなく解いている」のではないかと感じている。特に、困難を感じずに問題を解いた子供はその傾向が強いと感じる。
　その「なんとなく」という自覚されていない部分を言語化することが、一番大切だと考えたのである。なぜなら、問題を解ける子供は「この問題はこうすれば解けそうだな」という着眼点が見えているのである。だが、解けない子供はそれが見えないのである。
　そこで、解法の根幹となる考え方を言語化し、自分で解けなかった子供にも、「こういうふうに考えればよかったんだ」ということを理解してもらおうと考えた。
　子供は「なんとなく」解いていて、解法の根幹となる考え方をあまり意識せず、問題を解決していることが多い。
　そこで、「どうしてそうしようと思ったの？」と発想の源を聞くと、自分の解法が、どのような考え方を基に発想したのかを見つめ直すことができる。整数×小数であれば、「小数はそのままだとかけ算ができないと思ったから、整数にしたいと思った」という解法の根幹となる考え方が言語化される。これは、小数のかけ算の学習において最も大切な考え方である。
　この考え方をもっていれば、次に行う小数×小数の計算の仕方を、自分で考えることができるようになる。
　整数÷小数、小数÷小数でも同じ考え方を使う。さらにいえば、第6学年で学習する分数のかけ算やわり算も同じ考え方を使う。
　発想の源を問うことで、解法の根幹となる考え方を言語化することが可能になる。

はじめに

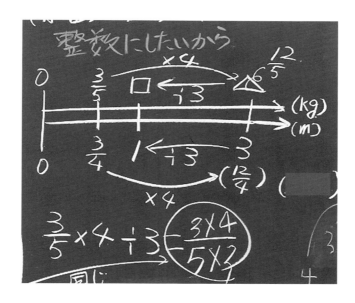

　自分で問題を解決できた子供の説明だけでなく、「なんとなく解いている」部分に焦点を当て、問題を解決するための着眼点を浮き彫りにさせるのである。そのためには、言葉で表す必要がある。

　感覚は自分で考えることができる子供にしか伝わらない。自分で考えることができなかった子供が理解するためには、言語化する必要がある。

　言語化することで、「次は、こういう考え方を使えばいいんだな」と理解させることができる。

　もちろん、発想の源を問うことで、次の授業においてすべての子供が自分で問題を解決できるようになるわけではない。しかし、発想の源を問うことを繰り返していくうちに、算数に対して困難を抱えている子供が、少しずつ新しい問題に対して自分で解法を見つけられるようになると考えたのである。

　発想の源を問い、「友達の説明を聞いている子供」を「発言して説明する

子供」にしていきたいと考え、この本を執筆しようと志したのである。
　発想の源を問う授業は、一時間で終わってしまっては意味がない。いつも発想の源を問うことで、子供は既習の内容に対して意識するようになる。一回の授業では効果は出にくい。続けていく必要がある。
　発想の源を問い、その後の授業で、発想の源がどのようにつながり、発展させていくことができるのか、それを本書で述べていきたいと考えている。

発想の源を問う
CONTENTS

はじめに　1

CHAPTER 1
発想の源とは何か ——————— 9

- 01　発想の源とは何か　10
- 02　知識及び技能の重要性　16
- 03　「直観と論理」との関連について　20
- 04　「数学的な見方・考え方」
  「数学的な考え方」との関連　24
- 05　発想の源の種類　28

CHAPTER 2
発想の源を問うことの価値 ——————— 33

- 01　発想の源を問う授業のつながり　35
- 02　算数を学習することの意味を子供が感じる　39
- 03　解法の根幹となる考え方を言語化し、
  本質的な考え方を顕在化させる　43
- 04　発問　50

CHAPTER 3
発想の源を問うことが振り返りを充実させる ——————— 53

- 01 １時間内の振り返り　55
- 02 単元内の振り返り　59
- 03 学年を越えた振り返り　66

CHAPTER 4
発想の源を問う授業の作り方 ——————————— 73

- 01 発想の源を問う授業に必要なこと　74
- 02 発想の源を問う授業を作る　76
- 03 発想の源を子供がもてるようにするための手立て　83

CHAPTER 5
発想の源を問う授業の実践例 ——————————— 89

- 第１学年　くり下がりのあるひき算　91
- 第２学年　かけ算　100
- 第３学年　２桁×２桁（筆算）　108
- 第４学年　複合図形の面積　117

おわりに　124

参考・引用文献　126
著者紹介　127

CHAPTER **1**

発想の源とは何か

01
発想の源とは何か

(1) 発想の源とは何か

　発想の源とは、問題の解法の根幹となる考え方のことである。「どうしてそうしようと思ったのか？」という問いに対する答えのことである。
　算数に限らず、どんなときにも問題解決をした際には「どうしてそうしようと思ったのか？」という、解法の根幹となる考え方になるものがある。
　まず、解法の根幹となる考え方を浮き彫りにすることが、発想の源を問うことの目的である。
　Polya（1954）は、問題を解決するための過程を4つの区分に分けて説明している。
　第1が「問題を理解すること」、第2が「計画を立てること」、第3が「計画を実行すること」、第4が「振り返ってみること」である。
　発想の源は、第2の「計画を立てること」に関連する。そして、この「計画を立てること」について、次のように述べている。

　問題を解くことの大部分はどんな計画をたてたらよいかということを考えつくことにあるといってよい。そのような考えは少しずつでき上って行くものである。しかし時には幾度もやり直したり迷ったりした揚句にたちまち素晴しい思いつきが浮んでくることもある。教師はこの素晴しい思いつきができるようにそっと学生を助けてやることができれば一番よい。

　「計画を立てること」が、問題を解くことの大部分であると述べている。

我々が問題解決をする際、まずは答えに辿り着くための方向性を決め、どんな知識及び技能が使えるのかを計画する。そして、その計画を実行してみて、もしうまくいかなければ、再度計画を練り直す。
　よって、「計画を立てること」が問題解決をするために最も重要な活動ということになる。
　もし、その計画がうまくいかなかったとしても、その場合は、違う計画を立てる必要があることがわかる。
　「計画を立てること」ができなければ、第3の「計画を実行すること」も第4の「振り返ってみること」もできない。よって、「計画を立てること」を子供ができるようにすることを目指す必要がある。

　「計画を立てること」を子供ができるようにするためには、「どうしたら計画を立てられるのか」ということを理解できるようにならなければならない。
　「計画を立てること」をするための思考過程は様々あるが、算数の問題解決において一番大切なことは、既習の内容とのつながりを意識させることだと考えている。
　Polyaは、「**数学の問題を解くのに必要な材料は前にといた事のある問題とか、証明したことのある定理のような既存の知識の中から適当に選び出されたものでなければならない。したがって関連した問題を知っているかという問題から出発するのがよい**」と述べている。
　まずは、目の前の問題を解決するために必要な既習の内容を選び出すことが必要だということである。
　既習の内容というのは、知識及び技能も含むが、考え方が重要である。「どういった考え方を使って、目の前の問題に近い問題を解いたか」ということを考えるのである。

(2) 第5学年「合同な図形」の学習を例に

　第5学年の合同の学習で、合同な四角形を作図する授業を行った。

　前時で合同な三角形の作図の方法について考え、「3つの条件を使えば合同な三角形を作図することができる」ということを発見した際、「三角形は3つの条件で合同な形がかけるのだから、四角形なら4つの条件でかけそうだ」という子供のつぶやきがあった。

　そのつぶやきを聞いていた他の子供から、「いや5つではないか」「6つではないか」という疑問が出され、それを解決するために四角形の作図をしてみようということになった。

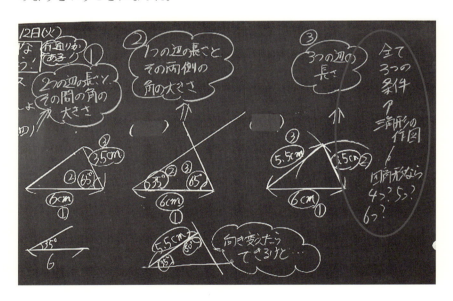

　合同な四角形の作図をしてみると、どのようなかき方をしてみても、5つの条件を使えば作図できることが明らかになっていった。

　すると、「なぜ5つの条件を使えば、合同な四角形を作図することができ

CHAPTER 1　発想の源とは何か

るのか？」という疑問が新たに浮かび上がった。

　しばらく考えてみると、何人もの子供が5つの条件になる理由に気付いていった。

　一人の子供に説明してもらうと「四角形は対角線を引いてみると三角形2つに分かれる。1つ目の三角形と合同な三角形をかくためには3つの条件が必要で、もう1つの三角形と合同な三角形をかくためにも3つの条件が必要だけれども、1つ目の三角形の1つの辺を使えば、条件を1つ減らすことができる。だから、2つ目の三角形は3−1＝2で2つの条件でかける。だから、合わせて5つの条件になる」というような説明をしてくれた。

　四角形が5つの条件でかける理由をクラス全体で共有した後、「どうして三角形2つに分けようと思ったの？」と発想の源を問うた。すると、「合同な三角形は3つの条件でかけるから、それを使えばできると思ったから」という答えが返ってきた。

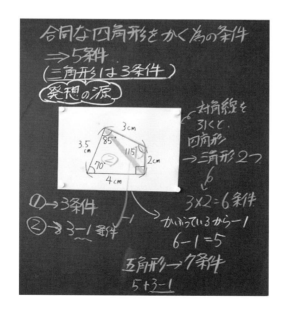

その他にも5条件になる理由について、いくつかの説明があったが、発想の源はすべて「合同な三角形をかくための条件が3つであることが使えそうだから」というものだった。

　合同な四角形をかくために必要な条件が5つであることは説明を聞けば多くの子供が理解できる。しかし、自分で考えることができなかった子供にとっては、「三角形に分ける」という発想がどこから出てきたのかがわからないのである。

　合同の四角形をかくために必要な条件を考えるための発想の源は、「合同な三角形をかくための条件が3つであることが使えそうだ」という考え方である。この考え方が基になっているから、四角形を三角形に分けようとするのである。

　この発想の源を知れば、「じゃあ、合同な五角形や六角形をかく条件を考えるときでも、三角形に分ければ考えられそうだ」ということが多くの子供にも推測できるようになる。

　実際、五角形のときは何条件になるかを聞いてみると、7条件であることを答えられる子供が多かった。

(3) 発想の源の大切さを自覚することで、子供が自ら動き出す

　発想の源とは、解法の根幹となる考え方のことである。

　子供が発想の源を自分で見つけることができれば、問題解決をするための計画を立てることができる。計画を立てることができれば、自分で問題に働きかけ、解決に向かって動き出すことができる。

　計画がいつも正しいとは限らない。計画が正しくなければ、また計画を練り直せばよい。

　その際、「既習の内容に立ち返れば、計画を立てることができる」ということを知っていれば、何度でも計画を練り直すことができるのである。発想の源の大切さを子供が自覚できるようになることで、自分で問題解決に取り

組めるようになる。

　注意すべきは、「どうしてそうしようと思ったの？」という発問をすれば、すぐに発想の源の大切さを子供が自覚できるようになるわけではないということである。何度も問い、既習の内容とのつながりを意識させ、既習の内容を使って、新しい知識及び技能を自ら創り出す経験を積み重ねていくことで、発想の源の大切さを子供が自覚するようになるということである。

　そのような指導は、少し時間がかかるものだが、着実に子供は既習の内容を意識するようになり、自ら算数を創り出せる子供が育っていく。

02
知識及び技能の重要性

(1) なぜ知識及び技能が重要か

　発想の源を考える際、考え方が重要だということを述べてきた。しかし、知識及び技能をないがしろにしてもよいというわけではない。

　むしろ、知識及び技能は、発想の源を考えるためには必要不可欠なものである。

　Polya（1954）の言葉を借りれば、「もちろん対象について充分な知識がなければよい思いつきは得られないし、知識が全然なければ思いつくことは不可能である」ということである。

　算数の学習は、新しい知識及び技能を自ら創り出すことに価値があり、「創造力」を育てるための教科だと考えている。

　新しい知識及び技能を自ら創り出すためには、学習した知識及び技能を使えるようにしなければならない。

　そのためには、反復練習が必要なこともある。しかし、それはあくまで、新しい知識及び技能を自ら創り出すために身に付けるのであり、ただ目の前の計算や問題に正解するためのものではない。

　平行四辺形の面積の求め方を考える学習でいえば、「面積とは単位面積のいくつ分かを考えていること」という知識や、長方形の面積の求め方という技能を知らなければ、子供は平行四辺形の面積の求め方を創り出すことはできない。

（2） 知識及び技能の必要性を子供に感じさせる

　教師は、知識及び技能は、新しい知識及び技能を創り出すために必要であることを子供に感じさせる必要がある。

　既習の知識及び技能を使って、新しい知識及び技能を創った際は、「前の学習を使って、新しいことを発見することができたね！」と子供に算数の学習の価値をしっかりと伝えていくのである。

　そうすれば、子供も知識及び技能を、新しい知識及び技能を創り出すために必要なものだと認識するようになるはずである。

（3） 知識及び技能を使える状態にする

　田村（2018）は、「新学習指導要領においては、『知識・技能』が構造化されたり、身体化されたりして高度化し、適正な態度や汎用的な能力となっていつでもどこでも使いこなせるように動いている状態、つまり『駆動』しているような状態となるよう身に付いていくことこそが重要である」と述べている。

　駆動する知識の説明として、「『あの時にも学んだ』『あの場面でもやった』『今回の場面も同じだ』そんな感覚と気付きを通して、知識が場面や状況とつながっていくのではないだろうか。そして、『この知識は、いつでも使えそうだ』と、汎用的で自由自在に活用・発揮できる知識、つまりは『駆動する知識』の状態へと高まっていくのではないだろうか」としている。

　知識及び技能は、覚えるためにあるのではなく、新しい知識及び技能を創り出すために使うものである。

　新しい知識及び技能を創り出すためには、獲得している知識及び技能を使える状態にしなければならない。

　田村の言葉を借りれば「駆動する知識」になっていなければ意味がないのである。

知識及び技能を使える状態にするためには、その知識の構造を理解していなければならない。
　例えば、小数のかけ算を形式的に計算できる方法を知っているだけでは不十分で、「小数を整数にして計算するということは、具体的に何をしていることなのか」ということまで理解することが必要である。
　形式的な知識及び技能の裏側にある根拠まで理解し、その構造を理解することができれば、小数の数が拡張されたり、分数になったりしたときに、新しい知識及び技能を創り出すために使うことができる。
　また、「『あの時にも学んだ』『あの場面でもやった』『今回の場面も同じだ』そんな感覚と気付きを通して、知識が場面や状況とつながっていくのではないだろうか」というように、田村は「駆動する知識」になっていく過程についても触れているが、獲得した知識及び技能が、「どんなときに使えるものなのか」ということを理解させていくことが重要なのである。
　いくら知識及び技能の構造を理解したとしても、「どんなときに使えるものなのか」ということを理解していなければ、いつまで経っても獲得した知識及び技能は宝の持ち腐れのままである。
　そうならないために必要なのが、発想の源を問うことである。
　「どうしてそうしようと思ったの？」と問えば、知識及び技能を使おうと考えた根拠が言語化される。
　その中には、既習の内容との結び付きに関わることも表現される。先の小数のかけ算であれば、「昨日やったときも、小数を整数にしてから計算したらできたから」という言葉が子供から生まれるだろう。
　発想の源を問うことで、過去の学習で学んだ知識及び技能が、どのような場面で使えるのかも考えることができる。
　そして、「どんなときに使えるものなのか」ということが、自分で解法を考えることができなかった子供にも、言語として明確に伝わる。そうすると、次の問題を解くときには、「また同じような場面だから、きっとこう

やってやればいいんだな」ということが推測できるようになる。

　知識及び技能は、新しい知識及び技能を創り出すために使う。そして、使っているうちに、知識及び技能を確実に付けさせていくのである。

　ときに、反復練習をすることも必要ではある。しかし、知識及び技能がなんのために必要なのかを子供が感じないまま何度も練習をさせても、子供は必要感をもつことは難しいであろう。

　獲得した知識及び技能を使って、新しい知識及び技能を創り出す経験をたくさんさせることで、子供は知識及び技能を大切にしていくようになる。

　そのために発想の源を問い、知識及び技能が「どんなときに使えるものなのか」ということをまで理解させ、使える知識及び技能にしていくべきである。

03
「直観と論理」との関連について

(1) 直観と論理とは

　発想の源について考える際、「直観と論理」についても考える必要がある。和田（1997）は「直観と論理」について、以下のように述べている。

　直観が論理に対してどういう役目を果たすかというと、直観というのは、そうするのが当然なんだ、当たり前なんだということを先に見てとるわけである。およそ結果はこうなんだ、そういう手続きでもっていけばこの仕事は終わるんだといったように、いわば直観の方が先を見ているわけである。そして、論理の方がそれを正当化している妥当性の保証をしているというような関係にある。
　例えば分数でわるといったとき、整数でわる仕方を知っているでしょう。整数でわる計算と結び付けていくことはできないでしょうか。あるいは、小数でわる計算についても、それに先立って整数でわる計算を知っている。このように、常に知っているもの、わかっているものに、結び付けていく、関係づけていくのです。既知のもので、知っていることを使って、未知のものを打開していく、こういう大事な方法上の原理なのです。それが論理なのです。

　直観を基に問題解決が行われて、その問題解決の解法が正しいかを論理を使って確かめていくというのが、人が問題を解決していくときの順序ということである。

和田の言葉の中に「直観の方が先を見ているわけである。そして、論理の方がそれを正当化している妥当性の保証をしているというような関係にある」とある。

問題の解法を考える際、まずは直観が働く。直観を頼りに問題を解いていく過程において、その解法の正当性や妥当性を保証していくのが論理なのである。

(2) 直観を身に付けるために

では、直観を身に付けるためにはどうすればよいのだろうか。それは、論理を身に付けることである。

例えば、五角形や六角形の内角の和を考える際、「三角形の内角の和が180°であることを使おう」という直観を働かせるためには、三角形の内角の和が180°であることを知っているだけでなく、多角形が三角形の組み合わせでできていることも知らなければならない。

しかも、それらの知識を知っているだけでなく、知識を使えるようにしておかなければならない。

先述したが、知識を使うためには、その知識の構造まで理解しておく必要がある。多角形を三角形で分けた経験や、三角形をいくつも使って多角形を作った経験が、知識の構造を理解することにつながっていく。

目の前の問題の解法を考え、解法の共通点を探し出して一般化したり、問題を発展させたりしていく過程においては、直観が先に出てきて、論理が後になる。

しかし、直観と論理はお互いを補完する関係にある。直観は論理によって支えられ、論理は直観によって導かれている。

発想の源を問うことで、直観が言語化される。しかし、言語化するためには論理が必要である。今まで学習したどんな知識及び技能と関係していて、考え方がどのようにつながっているのかを考える必要があるからである。

(3) 直観の存在を子供に気付かせる

　目の前の問題を解決する際、直観が先に働くということは、直観の存在を子供に気付かせる必要がある。

　授業をしていると、多くの子供は直観の存在を自覚せずに問題を解いていると感じる。まさに、「なんとなく」解いている状態である。

　「自分の解き方が本当に正しいのか？」ということについて論理的に考えている子供は多い。「なぜそうなるの？」と問えば、自分の解法の説明ができる子供は多い。

　しかし、「どうしてそうしようと思ったの？」と発想の源を問うまでは、直観の存在を自ら考えようとする子供は少ない。

　Bruner（1963）は次のように述べている。

　　　分析的思考とは反対に、直観的思考は、入念で、輪郭のはっきりした段階を追って進まないのが特徴である。事実それは、一見したところ問題全体に対するあらわにあらわすことのできない感知にもとづいた操作を含むのがつねである。思考しているひとはそこにいたった過程をほとんど意識することなしに解決に達するのであるが、その解決は正しいかもしれないが反対にまちがいかもしれないのである。そのひとはどのようにその解決を得たのかを自分ではうまく説明できないうえに、問題状況のまさにどの面に対して反応していたかにも気付いていないかもしれない。

　問題解決のためには、直観が先に働いている。しかし、直観は無意識に働いている場合が多いのである。

　直観に従って導いた解法が正しいか間違っているか、そもそもどのようにして自分の解法を導き出したのかを自覚することもできていないかもしれないのである。

授業中の子供の様子を見ていると、この実態はかなり当てはまると考えられる。

　だから、発想の源を問うのである。無意識に働いていた直観を言語化することで、「どうしてそうしようと思ったのか？」を誰にでも理解できるようにすることができる。

　自分で解法を考えることができなかった子供だけでなく、自分で解法を考えることができた子供にとっても、直観を意識することは、次の学習において、思考の手順を意識できるようになるだけでなく、「こうやって考えることで問題を解決できたのだ」という、方法知まで論理的に理解することにつながる。

　清水（1989）は、「**直観は、論理の裏づけによって一層洗練され、より高い直観になるともいわれている。これは、学習の過程を振り返る中で、学習前の素朴な直観が学習によってより高度な直観に高められたことを自覚し、学習の成果をまとめ、次の学習へと発展させる場面での直観と論理のはたらきにかかわるものといえる**」と述べている。

　発想の源を問い、直観を言語化させる。これは、清水の「**学習の過程を振り返る中で、学習前の素朴な直観が学習によってより高度な直観に高められたことを自覚し**」という言葉に対応させることができる。

　言語化された直観は、さらに論理としてまとめられ、次の学習へと発展させる場面で、直観として働くのである。

04

「数学的な見方・考え方」「数学的な考え方」との関連

(1)「数学的な考え方」

　小学校学習指導要領解説算数編（2018）に、「『数学的な見方・考え方』については、これまでの学習指導要領の中で、『数学的な考え方』として教科の目標に位置付けられたり、思考・判断・表現の評価の観点名として用いられたりしてきた」と述べられている。

　よって、「数学的な見方・考え方」を考えるためには、以前より用いられていた「数学的な考え方」について考える必要がある。

　「数学的な考え方」をどのように捉えるのかは、様々な考え方がある。どの捉え方が絶対ということは言い切れないが、中島（1981）が示した「数学的な考え方」は、現在に至るまで算数教育における礎となっていることは間違いないであろう。

　中島（1981）は、「数学的な考え方」を以下のように述べている。

　「数学的な考え方」は、一言でいえば、算数・数学にふさわしい創造的な活動ができることを目指したものである。
　これを引き起こす原動力として、簡潔、明確、統合といった観点が考えられ、それらの観点から「改善せずにはすまされない」という心情で課題の把握をすることが、第一の要件である。

中島が考えていた「数学的な考え方」をすべて理解し、まとめることはできないが、少なからず解釈できることは、「数学的な考え方」は、子供が算数を通して、新しい知識及び技能を自ら創造する過程を重視したときに、本当の価値が生まれるということである。

　精選された知識及び技能に価値があるのではなく、子供が新しい知識及び技能を創造する過程に価値を置く必要があり、その価値観をもって授業に臨むことが前提になるということである。

　「数学的な見方・考え方」を考える際も、中島が述べている「数学的な考え方」の捉え方を踏まえる必要がある。

　根底にあるのは、子供が算数を創る過程を大切にし、その過程において数学的な考え方の価値が生まれるということなのである。

　武田（1989）は「**直観力や『見抜く力』**が、算数・数学の指導内容にかかわって計画的に育成されるためには、いわゆる計算技能や数学的な知識の習得を中心とした指導ではなく、数学的な考え方の育成に重点をおいた指導がもっと研究されるべきである。そして、その数学的な考え方を、**主体的・創造的**に身につけていくことこそ、いわゆる直観力を育成することに他ならないともいえる」[1]と述べている。

　この言葉は、発想の源を問うことの価値を説明しているともいえる。

　数学的な考え方というのは、子供が算数を創る過程において価値が生まれる。子供が算数を創らなければ、数学的な考え方も育たないということである。

(2)「数学的な考え方」を身に付けるために

　発想の源を問うことで、「数学的な考え方を、主体的・創造的に身につけていく」ことができると考えている。

　「どうしてそうしようと思ったのか？」ということを自問すると、自分の解法について主体的に関わることができる。自分の解法に対して、「どんな

考え方が重要だったのか」ということを自覚できるようになるということである。

当然、自分で解法を考えることができなかった子供にとっても、「どんな考え方が重要だったのか」ということを理解することにもつながる。

「どんな考え方が重要だったのか」ということが理解できれば、次の問題を自分で解決できる子供は多くなるはずである。そうなれば、さらに本質的な考え方の価値について気付けるようになっていく。

発想の源を問うことをきっかけにして、創造的な活動が次々とつながっていく。その連鎖が数学的な考え方を育むだけでなく、次の問題を解くための直観にもなっていく。

(3)「数学的な見方・考え方」との関連

小学校学習指導要領解説算数編（2018）には「数学的な見方・考え方」を「事象を、数量や図形及びそれらの関係などに着目して捉え、根拠を基に筋道を立てて考え、統合的・発展的に考えること」として整理している。

また、「『数学的な見方・考え方』は、数学的に考える資質・能力を支え、方向付けるものであり、算数の学習が創造的に行われるために欠かせないものである」とも述べられている。

学習指導要領解説に示されたこれらの内容は、「数学的な見方・考え方」が、子供が算数を創る過程において価値が生まれるということの裏付けになるものだといえる。

学習指導要領解説には、「数学的な見方・考え方」を「数学的な見方」と「数学的な考え方」に分けて、それぞれの内容について述べられている。

「数学的な見方」については、「事象を数量や図形及びそれらの関係についての概念等に着目してその特徴や本質を捉えること」としている。

「数学的な考え方」については、「目的に応じて数、式、図、表、グラフ等を活用しつつ、根拠を基に筋道を立てて考え、問題解決の過程を振り返るな

として既習の知識及び技能等を関連付けながら、統合的・発展的に考えること」としている。

　発想の源は、どちらかといえば「数学的な見方」の部分に比重が重くあると考えている。

　×小数であれば、「小数のままではかけ算が計算できないから、計算することができる整数にしてみよう」という、問題を解決するための着眼点ともいえるのが発想の源だからである。

　しかし、既習の知識及び技能等を関連付けて統合的に考えているという意味では、「数学的な考え方」とも捉えることができる。

　発想の源が、「数学的な見方」なのか「数学的な考え方」なのかを明確にすることは難しい。子供が問題を解こうとする着眼点を見つけ、計画を立てる際、何を基にして考えるかは、子供それぞれだからである。

　発想の源を問うた後、「これは『数学的な見方』だ」「これは『数学的な考え方』だ」ということを考えるのではなく、子供が「何を基にして、問題を解くための発想を思いついたのか」ということを明確にしていくことで、どの子供にとっても、算数を創っていけるようになることを目指していきたい。

　発想の源を問うことで、子供が自分で問題を解き、新しい知識及び技能を創り出せるようになるということは述べてきた。

　その過程は、まさに「数学的な見方・考え方」を働かせている姿であり、「数学的な見方・考え方」をさらに成長させている姿である。

05
発想の源の種類

(1) 推理の根幹

　原（1966）は「判断とは、与えられた内容から一段階の思考ででてくるものであり、推理とは、何段階かの思考を経てでてくるものである」と述べている。
　この言葉を借りれば、発想の源とは、推理の根幹となるものといえる。
　また、原は推理について「類比推理」「帰納推理」「演繹推理」という3つの推理があることも示している。
　それぞれの推理については、以下のように述べている。

「類比推理」
　4年生に立方体や直方体の概念を発見させるために、3年生で学習した正方形や長方形を扱い、正方形と立方体、長方形と直方体をそれぞれ対比させ、「それぞれ何で囲まれているだろうか」と問い、平面図形は辺と頂点、立体図形は面と辺と頂点で囲まれていることを明らかにする活動を行う。こういった「過去に学習したものと対比させて、新しい概念を発見させる。このような思考の働きを類比推理という」としている。

「帰納推理」
　4年生に二等辺三角形の性質を調べさせ、どの場合にも両底角が等しいことを見出させる。このことから、三角形において二辺の長さが等しければ、両底角が等しくなること見出す。このように、「経験する範囲内で見出す方

法」を帰納推理としている。

　ただし、いつもこの論法が成り立つわけではないということも述べている。例えば、対角線は、正方形、長方形、平行四辺形などにおいては、対角線は互いに二等分するが、台形などでは二等分しないこともある。

「演繹推理」

　5年生に、「あつさ1cmの板でたて12cm、よこ15cm、たかさ10cmの箱を作った、箱の容積はどれだけか」という問題を考えさせる場合、直方体の体積＝（縦）×（横）×（高さ）の公式が過去の経験から頭の中に浮かんできたとしよう。そして、この公式を使って思考を進める。つまり、

　　第一段階　一般に直方体の体積＝（縦）×（横）×（高さ）で求められる
　　第二段階　箱の中に入る容積は直方体だから、この公式が適用できる
　　第三段階　適用できるならば、直方体の体積＝10×13×9で求めることができる

のような三段階で推論を進めるので三段論法である。

　このような「一般的な考え方を使って思考を進めていく場合が演繹推理である」としている。

　また、三段論法を使わない演繹推理として、直観的演繹推理についても述べている。例として、「折れば重なるという原理を使って両底角が等しいことを見出すのは演繹推理である。この場合は、三段論法を使わないから直観的演繹推理という」としている。

(2) 発想の源の種類をまとめる

　このように、発想の源の種類としては、上記の3つの推理の根幹となるものといえる。簡単に3つの推理を以下にまとめる。

「類比推理」
　過去に学習したものと対比させて、新しい概念を発見する思考の進め方。
「帰納推理」
　経験する範囲内で見出す思考の進め方。
「演繹推理」
　一般的な考え方を使って考えを進めていく思考の進め方。

　「類比推理」を使って思考しようとしている子供の発想の源は、過去の学習とのつながりとなる。「前に学習した、似たようなものと比べて、新しいことは何かな？」とか「前に似たような問題を考えたときに使った考え方を使えば、今回の問題も同じように考えられそうだな」と発想するということである。これは、算数という系統性の強い教科においては、特に大事にしたい思考の進め方である。
　「帰納推理」を使って思考している子供の発想の源は、子供の経験である。自分で学習したことや、作業したことから、「これは共通していることだから、他のときでも使えそうだな」と発想しているのである。
　この思考は、とても大切なものではあるが、一般化されていないというところに問題がある。確かに、経験した範囲では言い切れるのだが、「いつでも言い切れるか」というところが証明できていない。発想の源としては素晴らしいのだが、論理的に証明された根拠がないので、そこに目を向かせ、論理的に言い切れるのかを検討することを忘れないようにしたい。
　「演繹推理」を使って思考している子供の発想の源は、一般化された知識及び技能である。既に論理的に確立された知識及び技能が、「目の前の問題に適用できそうだな」と発想しているのである。その際、一般化された知識及び技能が本当に適用できるかどうかを考える必要がある。三段論法を使って思考を進めることが中心になるが、直観を基に、論理的に証明された知識及び技能を組み合わせて思考を進めることもある。

上記の3つがすべてとは言い切れないが、この3つの推理を頭の中に入れて、子供の発想の源が何の推理の基となる考えになっているのかを教師が理解できれば、ただ「発想の源」とひとくくりにして終わらせることなく、「どこから発想の源が生まれたのか」「どの考え方が同じ発想の源から生まれているのか」ということがわかり、子供にも思考の進め方まで理解させやすくなることだろう。

(3) 種類分けにこだわり過ぎない

　原は、次のようにも述べている。

　　実際に子供の指導をする場合には、どういう思考の進め方をしたらよいか研究しておくことが大切である。（神経の統合状態によって違うし、結びつき方は、いろいろ変わってくる。新しい内容を発見するとき、いろいろな推理によっておこなわれる。ただ一通りの思考方法ではありえない。）

　推理の分類を知っておくことは大切である。先述したように、発想の源が、どんな思考の進め方から出てきているかを教師が理解することで、子供が思考の進め方まで理解しやすくなるからである。
　しかし、「この子の発想の源はこの推理」「あの子の発想の源はこの推理」と分けることが目的ではないということである。教師側が判断できないこともある。それを無理に分類する必要はない。
　大切なことは、子供の発想の源が、どのような思考の進め方から出てきているかを、教師も子供も意識することである。分類した方が、違いがわかりやすいのは確かである。しかし、そこにこだわる必要はない。子供の発想は複雑に絡み合っているのである。

CHAPTER 2

発想の源を問うことの価値

言葉こそ違うが、発想の源を問うことの価値は以前から言われてきていた。
　菊池（1969）は、次のように述べている。

　　数学の問題を解く場合、解の手続きの前に着想がある。そして、同一の問題であっても、着想がちがえばそれを解く手続きもちがってくるのは当然である。着想を明らかにしないで、解の手続きだけを教えるのは、手っ取り早いが、よい指導のしかただとは思われない。計算の手順や論理を運ぶ手続きを教える前に、それが基づくところの着想を明らかにしたいものである。

「計算の手順や論理を運ぶ手続きを教える前に、それが基づくところの着想を明らかにしたいものである」という言葉は、発想の源を問うことを重視したいと考えることと同様だと考える。「どうしてそうしようと思ったのか？」ということを明らかにすることそのものである。
　これがわかれば、それまで自分で問題が解けなかった子供も、系統性のある問題や活用問題を自分で解けるようになる。

01
発想の源を問う授業のつながり

（1）発想の源を問う授業の第1時

　一つ実践を踏まえて、発想の源を問う授業について、具体的に示す。

　例示する実践は、第5学年で学習する小数のかけ算である。

　本単元は、整数×小数から導入される。「1m80円のリボンがあります。このリボン2.3mの値段はいくらでしょうか」というような問題を扱いながら、かけ算の意味を拡張したり、整数×小数の計算の仕方について考えたりする。

　その中の、計算の仕方を考える実践を紹介する。

　計算の仕方を考える場面では、長さと値段が比例関係であることを使って、以下の2つの計算の仕方が子供から出されることが多い。

① 0.1m分の値段を出し、その値段を23倍して2.3mの値段を出す。
　式　$80 \div 10 \times 23 = 184$
② 23m分の値段を出し、その値段を÷10して2.3mの値段を出す。
　式　$80 \times 23 \div 10 = 184$

　①と②の計算の仕方について、それぞれ子供に説明させて終わってしまっては、「なぜそうなるのか？」という論理的な理解で終わってしまう。

　そこで、発想の源を問う。

　まず、①の解法が出てきたとする。「どうして0.1m分の値段を出そうと思ったの？」と問う。

　そうすると、子供から「0.1m分の値段を出して、それを23倍すれば2.3m分の値段を出すことができるから」という理由が出てくることが予想される。

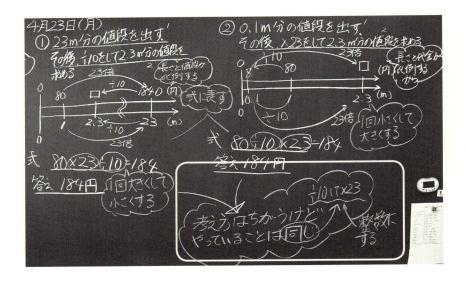

　ここで終わらせてしまっては、「なぜそうなるのか？」の説明とあまり変わらない。さらに「0.1m 分の値段を出して 23 倍することによって計算ができるようになったのはどうしてか？」ということを問う。

　式を書き、式と解法を照らし合わせていく。すると、「×小数はそのまま計算することができないから、計算できる整数の式に直せばいい」という発想の源に気付くことができる。

　80×2.3 の計算の仕方を考えることができた子供も、ここまで自分の解法の根幹となる考え方について自覚していないことが多い。

　そこで、発想の源を問い、「計算できる整数の式に直す」という解法の根底にある考え方に気付かせるのである。

　次に、②の解法についても同様に発問し、発想の源について考えていく。すると、①と同じように、「×小数はそのまま計算することができないから、計算できる整数の式に直せばいい」という考え方が基になっていることがわかる。

　発想の源を問うことにより、①と②の解法が、「×小数はそのまま計算す

ることができないから、計算できる整数の式に直せばいい」という共通した考え方から考え出されていることが、クラス全体で共有することができる。

そうすると、×小数のかけ算の本質的な考え方が「小数を整数にする」という考え方であることが明確になるのである。

(2) 発想の源を問う授業の第2時

第2時は、小数×小数の学習を行う。「1mの重さが2.14kgの木の棒があります。この木の棒3.8mの重さは何kgでしょうか」という問題を扱った。

2.14×3.8という式が立式され、小数×小数の計算の仕方について子供が考えることになる。

様々な計算の仕方が出され、「2.14を100倍し、3.8を10倍して計算し、積を÷1000すればよい」とまとめたとする。しかし、これでは知識及び技能のまとめで終わってしまう。

ここでも「どうして、2.14を100倍、3.8を10倍しようと思ったの？」と発想の源を問う。そうすれば、「整数にすれば計算ができると思ったから」という言葉を引き出せる。その上で、前時の整数×小数の学習との「考え方のつながり」を意識させる。

「前の授業では整数×小数の計算の仕方を考え、今日の授業では小数×小数の計算の仕方を考えました。共通している考え方はなんでしょう？」と問う。

共通する考え方について問えば、「どちらも整数にするという考え方を使っている」ということを子供は発見するだろう。

共通する考え方がわかれば、「小数のかけ算というのは、整数にすればいつでもできる」ということに気付き、考え方がつながっていることを実感できる。

ここまでくれば、「小数のかけ算というのは、『整数にする』という考え方を使えば、いつでもできそうだな」と子供は推測できるようになる。そうなれば、次の学習である÷小数でも同じ考え方を使って計算の仕方を考えられる子供も増え、第6学年で行う×分数や÷分数の学習においても、自分で計

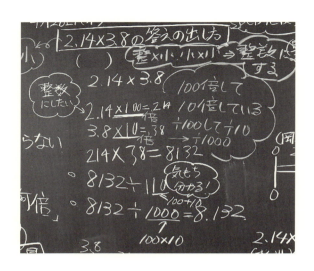

算の仕方を考え出せる子供が多くなることが期待できる。

(3) 発想の源を問うことが、学習のつながりを意識させる

　発想の源を問うことによって、自分では気付けなかった解法の根幹となる考え方に気付くことができる。それは、問題を解けなかった子供にだけでなく、問題を解けた子供にとっても価値がある。
　問題を解けなかった子供にとっては、「こうやって考えれば自分でも解くことができるんだ」という着眼点に気付くことになる。
　問題を解けた子供も、どのような考え方に基づいて解法が考え出されたのかに気付くことができる。
　発想の源を問うことによって、目の前の問題の解決方法だけでなく、これまでの学習とのつながりも意識できるようになる。
　これまでの学習とのつながりを意識できるようになれば、今後の学習とのつながりも意識できるようになり、将来の学習において、自分で新しい知識及び技能を創り出すことができるようになる。

02

算数を学習することの意味を子供が感じる

(1) 算数を学習する意味

　発想の源を問うことによって、目の前の問題の解決方法だけでなく、これまでの学習とのつながりを意識できるようになり、将来の学習においても、自分で新しい知識及び技能を創り出すことができるようになるということを述べた。実は、これが算数を学習することの意味と強くつながっている。

　算数を学習する意味とは何か。私は「創造力の育成」だと考えている。

　算数という教科は、系統性が強い教科である。よって、既習の内容を使えば、新しい知識及び技能を自分で創り出すことができる。これは、算数の教科特性である。

　よって、算数の学習では、既習の内容を使って、新しい知識及び技能を創り出す経験をたくさんさせ、創造力を育成させることが重要だと考えている。

　小学校学習指導要領解説算数編（2018）においても、算数の目標について解説している部分に、「算数を創る」「創造的かつ発展的」「新しい算数の知識及び技能などを生み出す」といった言葉が多く使われている。

　「算数を創る」ことに関わる内容について、いくつか抜粋して以下に示す。

　　　このように算数の学習において数量や図形の性質を見いだし、数理的な処理をすることは、それらを統合的・発展的に考察して新しい算数を創る

ことを意味しているともいえる。(中略)
　算数は系統的な内容によって構成されており、児童が常に創造的かつ発展的に算数の内容に関わりをもち学び進むことが期待されている。(中略)
　算数で学んだことは活用できるように学習されなければならないし、活用を重視した創造的な学習展開を用意する必要がある。数学を生み出していく過程では、児童自らが数学的な見方・考え方を働かせて、筋道立てて考えたり、統合的・発展的に考えたりする学習が期待される。

既習の内容を使えば新しい知識及び技能を創り出すことができるというのは、算数の教科特性である。

他教科においても、同様なことがいえる部分もあるが、算数ほど知識及び技能の系統性が強い教科はない。

例えば、第3学年でわり算を学習するが、わり算はかけ算を使って考えることができる。わり算はかけ算の逆だから当然のことである。

わり算には、包含除と等分除の2つの意味があるが、これも「いくつ分」を求めているのか、「一つ分」を求めているのかによって、その違いを理解することができる。

かけ算の意味という知識を使って、わり算という新しい知識を創っているのである。

(2) 算数における創造

中島(1981)は、算数科の学習における「創造的な指導」ということに対して、以下のように説明している。

　算数・数学の指導でいう「創造的」とはどんなことか。それは、たしかに、何かしら「新しいものをつくり出すこと」であるが、「新しいもの」といっても、小学校や中学校の段階では、世間の人がまったく知らない新

しい数学的な内容をはじめて創り出すことは必ずしも期待できない。実際にも、指導内容としてカリキュラムの上で取り上げられていることは、学問的にはすでによく知られた初等的なことがらにすぎないわけである。

それでは、「創造的な指導」という場合に目指していることはどんなことか。それは、次のようなことであるということができよう。すなわち、

「算数や数学で、子どもにとって新しい内容を指導しようとする際に、教師が既成のものを一方的に与えるのではなく、子どもが自分で必要を感じ、自らの課題として新しいことを考え出すように、教師が適切な発問や助言を通して仕向け、結果において、どの子どもも、いかにも自分で考え出したかのような感激をもつことができるようにする」

このような学習指導であると、一応考えておくことにしよう。

数学的に全く新しい内容を創り出すことではなく、子供にとって知らなかった内容を、子供自らが創り出す学習が「算数を創る」ということなのである。この考え方には、大いに賛同する。

算数を学習するのは、数学者や理系と呼ばれる学問や職業に従事する人を育てることを目指しているものではない。

もちろん、算数の学習を通して、数学という学問に興味をもち、数学者や科学者になろうとする人が生まれることは素晴らしいことである。

しかし、算数を学習する意味は、あくまで「創造力」の育成だと考える。

既習の内容を使って、新しい知識及び技能を創り出す力は、どんな立場の人にとっても必要な力である。算数の学習を通して養う「創造力」というのは、そういう力なのである。

「0から1を創り出す力」というよりも、「1から2や3を創り出す力」を、算数で養うべき「創造力」ということができるだろう。

(3) 創造力を養うための授業をするための心構え

　そのために我々教師は、子供が「自分たちで新しい知識及び技能を創り出すことができた」という気持ちをもてるような授業をしなければならない。

　中島の言葉を借りれば、「どの子どもも、いかにも自分で考え出したかの**ような感激をもつことができるようにする**」授業を目指さなければならないということである。

　子供に、自分で新しい知識及び技能を創り出せたという気持ちをもたせるためには、精選された知識及び技能を一方的に与えても意味はない。

　また、問題が解けた子供の説明ばかりを聞いていても、自分で創り出せたという喜びは、いつまでも味わうことができない。

　すぐにできないとしても、いつかは自分で新しい知識及び技能を創り出せるような子供にしていく必要がある。

　そのためには、発想の源を問い、問題を解くための根幹となる考え方を理解するとともに、いつも重要となる本質的な考え方に気付かせることで、「次は、こうやって考えればできそうだ」とか、「こういう考え方をすれば、どんなときでも考えられそうだ」ということに気付き、自分で算数を創る子供を育てていく必要がある。

03
解法の根幹となる考え方を言語化し、本質的な考え方を顕在化させる

　何度も述べてきたように、発想の源を問うことで、「どうしてそうしようと思ったのか？」という、問題の解法の根幹となる考え方を言語化することを目指す。解法の根幹となる考え方を言語化することで、具体的にどのような考え方を使って問題に取り組めばよいかということが明確になるからである。

　様々な解法の根幹となる考え方が言語化されることで、共通する考え方が見つかる。解法の根幹となる考え方に共通する考え方を見つけることで、本質的な考え方が顕在化する。

　よって、発想の源を問うことの有効性は、主に「解法の根幹となる考え方を言語化する」ということと、「共通する考え方を見つけ、本質的な考え方を顕在化させる」の2つである。

(1) 解法の根幹となる考え方を言語化する

　解法の根幹となる考え方を言語化するというのは、子供自身で行うことはとても難しい。

　子供の意識は、問題を解くことに向かれていて、その解法がどういった考え方を基にして考えられているのかまで自覚している子供をあまり見たことがない。それは、大人も同じではないだろうか。

　算数に限ったことではないが、目的は問題解決をすることであり、解法の根幹となっている考え方までは意識を向けないものである。

しかし、それでは目の前の問題を解決して終わってしまう。自分で算数を創っていくようになるためには、目の前の問題の解法を理解することよりも、他の問題で使えるような考え方まで理解することが重要である。そうでなければ、他の問題を解く際、また他人の説明を聞いて終わってしまう。

　だからこそ、教師から「どうしてそうしようと思ったの？」と発想の源を問い、自分が考えた解法の根幹となる考え方に目を向けさせるのである。

　解法の根幹となる考え方を言語化することで、自分で解法を考えることができなかった子供にも、「こうやって考えればいいんだ！」と、問題解決のための着眼点に気付かせるのである。

　問題解決のための着眼点に気付ければ、次の問題を解こうと考えたときに、どのように問題に取り組めばよいのかわかる。

(2) 共通する考え方を見つけ、本質的な考え方を顕在化させる

　発想の源が言語化されたら、解法の根幹となる考え方の共通点を見つけていく。学習指導要領解説の言葉を借りれば、「統合的に考える」ということである。

　発想の源を言語化することで、共通点は見つけやすくなる。

　一つひとつの解法の発想の源を言語化すると、異なる言葉で表出することが多々ある。それをそのままにしてしまうと、本質的な考え方が何かわからないままになってしまう。

　一つひとつの解法の発想の源を知るだけでは、次の問題を解決しようとしたときに使える考え方にはならない。

　そこで、言語化された発想の源から、共通した考え方を見つけるのである。「どの考え方も、結局はこういうことを考えていることが同じ」ということを見つけるということである。

　共通する考え方を見つけると、本質的な考え方が顕在化され、「こういった問題は、この考え方を使って考えればいいんだな」ということが、多くの

子供に理解できるようになり、次の問題では、問題解決のための着眼点をもって、自ら問題に取り組めるようになる。

(3) 統合と発展

共通する考え方を見つけ、本質的な考え方を顕在化させることは、昔から言われてきた、統合や発展というものである。

中島は、統合や発展について、「『統合的発展的～』といっても、単に二つの観点を並列したものとして読みとるよりは、『統合といったことによる発展的～』として読みとることが望ましい。すなわち、発展的な考察ということは、上で説明したように、固定的、終局的なこととしてみないということを指しており、その『発展的』ということが、算数・数学の場合には具体的にどんな方向であるべきかを示す観点（価値観）の代表的なものとして、『統合』ということをあげていると考えられるようにしたい」と述べている。

発展的に考えるということをするためには、その前に統合的に考えることが必要ということである。そして、算数・数学において発展的に考える場合、統合的に考えることが重要なのである。

算数というのは、系統性の強い教科であり、既習の内容を使えば、新しい知識及び技能を創り出せるという特性がある。

そして、その過程にこそ算数という教科の価値があることは、今までも述べてきた。とすると、ただ闇雲に問題を発展させていっても、あまり算数としての価値がないということになる。

目の前の問題を解決するための解法の根幹となる考え方を統合することで、算数・数学として重要な本質的な考え方が顕在化される。

統合されれば、「だったら、こういうときはどうかな？」と、数の範囲を広げたり、形を変えたりして、一見すると違うものから同様なものを見つけながら、問題を発展させることができる。

統合と発展を繰り返していくことで、考え方が拡張されていき、「こうい

うときも、結局は同じ考え方を使えばいいんだな」と、概念が豊かになっていく。

共通する考え方を見つけ、本質的な考え方を顕在化させるというのは、まさに統合的・発展的に考えることそのものである。

統合的に考えることで終えるだけでなく、発展的に考えることまで視野に入れた活動にしていきたいものである。

また、統合的に考える際は、子供が発展的に考えられるように統合させることを留意することが重要である。

(4) 具体的な授業の場面

第4学年で3位数÷2位数の学習をするが、これも2位数÷2位数の学習の内容を使えば、計算の仕方を考えることができる。

計算の仕方を考えるための発想の源は、「何百÷何十と考えれば計算できそう」である。

この考え方は2位数÷2位数の計算の仕方を考える際に使った「何十÷何十と考えれば計算ができる」という考え方が基になっている。

わり算という同じ計算であり、大きな数同士のわり算なので、「同じ考え方を使えばできそうだ」と推測できる子供も多いだろう。

2位数÷2位数の際、84÷21を「84を大体80、21を大体20と見て、80÷20で商を立てます」というように、目の前の解法の説明だけで終わってしまっては、2位数÷2位数の計算の仕方を自分で考えられなかった子供は、3位数÷2位数でも考えられなくなってしまう。

そうではなく、発想の源を「どうして84を80、21を20と見ようと思ったの？」と問い、「このままでは計算がしにくいから、計算しやすい何十÷何十に直そうと思った」という発想の源を言語化させるのである。

他にも、「21を20と見て、20×3＝60、20×4＝80、20×5＝100と頭で計算して、84を越えない一番近い答えが4と考えた」という解法も出てくる

ことが予想される。その際も「どうして21を20と見ようと思ったの？」と発想の源を問う。そうすれば、「何十と見れば、計算しやすくなると思ったから」という答えが返ってくるだろう。

ここで「2つの答えの出し方として、同じ考え方は何かな？」と共通する考え方を見つけるように問いかける。

そうすると、「何十と見る」という考え方に共通点があることがわかり、「何十と見ることで、計算しやすくなる」という本質的な考え方が顕在化するのである。概算という考え方である。

そうなれば、3位数÷2位数の計算の仕方を考えるときも「わられる数やわる数を何百や何十に見直すことができるかな？」と考え、計算の仕方を考える着眼点をもって取り組むことができるようになる。

(5) 算数の学び方を学ぶ

算数の学習というのは、系統性が強いので、必ずといってよいほど、前に学習した内容を使えば、目の前の問題が解けるようになっている。

単元の導入であれば、前の学年までに学習してきた内容を使えば解ける。しかし、自分で問題が解決できない子供の多くは、前の学習を使おうという意識があまりない。

まずは、「算数は、前に学習した内容を使えば問題が解ける」という意識をもたせることが大切である。

そのためには、発想の源を問い、解法の根幹となる考え方を言語化し、共通する考え方を見つけて本質的な考え方を顕在化させ、「こうやって考えればできるんだ」ということを理解させるのである。

そして、次の問題では、前の学習で使った内容を使って目の前の問題を解決し、算数の学習の学び方も学ばせていくのである。

清水（1989）が述べていることを再度紹介する。

直観は、論理の裏づけによって一層洗練され、より高い直観になるともいわれている。これは、学習の過程を振り返る中で、学習前の素朴な直観が学習によってより高度な直観に高められたことを自覚し、学習の成果をまとめ、次の学習へと発展させる場面での直観と論理のはたらきにかかわるものといえる。

　「解法の根幹となる考え方を言語化する」というのが、前半部分の「学習の過程を振り返る中で、学習前の素朴な直観が学習によってより高度な直観に高められたことを自覚し」の部分に対応していると考える。
　学習前は、強く意識していなかった素朴な直観を、発想の源を問うことによって、高度な直観に高めるのである。
　「直観は、論理の裏づけによって一層洗練され」と書かれている通り、「どうしてそうしようと思ったのか？」ということを考えることで、直観を論理的に言語化するのである。
　「共通する考え方を見つけ、本質的な考え方を顕在化させる」というのが、後半部分の「学習の成果をまとめ、次の学習へと発展させる場面での直観と論理のはたらきにかかわるもの」という部分に対応していると考える。
　発想の源によって言語化された直観は、論理として認められるようになる。そして、その論理の中にある共通した考え方を見つけ、本質的な考え方を顕在化させることで、次の学習へと発展させることができるのである。
　本質的な考え方を顕在化させることで、「この考え方が大事なんだな。だったら、こういう場合でも使えそうだな」と子供が考えることができるようになる。
　そして、顕在化された本質的な考え方は、次の学習を解決するための直観として働く。
　このように、「解法の根幹となる考え方を言語化する」という思考と、「共通する考え方を見つけ、本質的な考え方を顕在化させる」という思考が連続

的に行われることで、子供は算数を創り出せるようになっていく。そして、算数をどのように学べばよいかを理解する。

　そのために、最初に行うべきことが、発想の源を問うことなのである。

04
発問

(1) 論理的な説明＋発想の源を問う発問

　今までの算数の授業は「本当にそうなのか？」という論理的な説明を求める発問ばかりになってしまっていたのではないだろうか。
　算数は、論理的思考力を育てる教科でもあるので、今後も「本当にそうなのか？」という発問は必要である。
　しかし、それだけでは自分で問題を解けなかった子供は、次の問題でも自分では解けるようにはならない。
　これからは、「本当にそうなのか？」（論理的な説明を求める発問）＋「どうしてそうしようと思ったの？」（発想の源を問う発問）の2つの発問を意識することで、目の前の問題を自分で解けなかった子供が、次の問題では、問題解決のための着眼点をもって、自分で解法を考えられるようにしていくことを目指すべきだと考えている。
　発想の源を問うことが、これからの授業を考えるための一つの視点となればと願っている。

(2) 解法を考えられなかった子供にも発想の源を問う

　発想の源を問うことは、解法を考えた子供だけでなく、自分で解法を考えられなかった子供に問うことも大切である。そうすると、自分で考えられなかった子供にも問題を解決するための着眼点を考えさせることができる。
　解法を考えた子供に発想の源を考えさせることも大切だが、解法を考えられなかった子供に発想の源を考えさせることも大切である。

CHAPTER 2　発想の源を問うことの価値

「お友達が、どうしてこう考えたのかわかるかな？」と問うということである。

　解法を自分で考えられなかった子供でも、解法の説明を聞いた後であれば、「きっと、こういう発想で考えたのではないかな？」と考えることはできるだろう。

　自分で解法を考えられなかったとしても、他の人の解法の発想の源を考えることで、目の前の問題を自分事として捉え、理解を深めることができるのである。

　一方的に聞くだけでなく、自分でも考えることで、次の問題を解くときの着眼点を、より明確に意識することができるようになる。

CHAPTER 3
発想の源を問うことが振り返りを充実させる

振り返りの重要性が叫ばれて久しい。今回の学習指導要領の改訂においても、振り返りの重要性が示されている。発想の源を問うことも、振り返りの一つと捉えることができる。

　発想の源を問うことが、振り返りという活動を充実させることは間違いない。なぜなら、発想の源を問うことで、解法の根幹となる考え方が言語化され、本質的な考え方が顕在化しやすくなるからである。

　それは、振り返りという活動がねらっていることそのものである。

　振り返りの一番の価値は、「共通する考え方を見つけ、本質的な考え方を顕在化させること」だと考えている。

　共通する考え方というのは、1時間の授業だけでなく、単元を通して、そして、学年を越えても現れる。

　「いつも使える考え方」を見つけることによって、「じゃあ、○○という場合にも使えそうだな」という推測を子供がもてるようになる。そうすれば、自分で問題を解く力が育っていく。

　統合的・発展的に考えることそのものである。

　そのためには、1時間内、単元内、学年を越えて、考え方のつながりを意識できるようにさせていく必要がある。

　本章の内容を述べるために、第5学年の四角形と三角形の面積の単元から第6学年の円の面積を通した実践を踏まえて示していく。

01

1時間内の振り返り

(1) 平行四辺形の面積の求め方から導入する

　第5学年の四角形と三角形の面積の学習は、平行四辺形の面積の求め方を考えることから導入した。

　平行四辺形から導入すべきか、三角形から導入すべきか、これは何を発想の源として大切にさせたいかによっても変わってくる。

　本実践は、既習の内容である長方形の面積の求め方を発想の源として考えることが子供にとって自然であり、算数を創る活動になると考え、平行四辺形から導入することにした。

　導入では、縦4cm 横6cm の長方形を提示し、長方形の面積を求めることから始めた。

　本時では、長方形の面積を求められることや、面積とは単位面積のいくつ分かを考えていることが、発想の源に大きな影響を与える。

　たくさんの子供が平行四辺形の面積の求め方を考えることができるとともに、発想の源が言語化されたときに、意味が理解できるようにするためにも、導入で長方形の面積の求め方を扱った。

　次に、まわりの長さを変えずに長方形を傾けていき、平行四辺形にした。

　そこで、「まわりの長さは変わらないけれど、面積も変わらないの？」と問いかけると、「変わらない」という意見と「変わる」という意見に分かれたため、平行四辺形の面積を求めることになった。

　自力解決後、子供からは、平行四辺形を等積変形して長方形にしたり、大きな長方形から余分な部分の面積を長方形に変形してひいたり、いろいろな

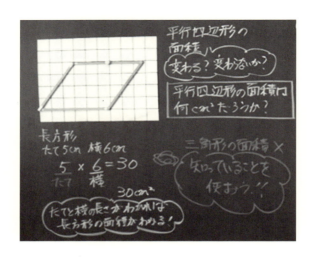

考え方が出された。

(2) 発想の源を問う

　一つひとつの解法が出されるたびに、発想の源を問うた。

　平行四辺形を等積変形して長方形にした解法が出されたときに、「どうして長方形にしようと思ったの？」と問うと、子供からは「長方形だったら面積を求められるから」という言葉が返ってきた。

　ここでポイントとなる言葉は「面積を求められるから」という言葉である。発想の源となるのは、「長方形にする」ことではなく、「面積を求められる形にする」ということである。なぜなら、面積を求めるための本質的な考え方は、「長方形にする」ことではなく、「面積を求められる形にする」という考え方だからである。

　この後、三角形や台形など、様々な形の面積の求め方を考えるが、その際も、「面積を求められる形にする」という考え方が共通して現れてくるのである。

　子供から出された一つひとつの解法について発想の源を問い、言語化され

た発想の源を黒板に残していった。すべての解法の発想の源を言語化することで、共通する考え方を見つけやすくするのである。

(3) 1時間内での共通する考え方を見つける

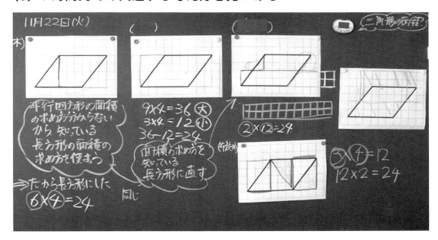

すべての解法における発想の源を言語化させると、共通している考え方が「面積の求め方を知っている長方形に直す」というものであることが明確になった。

発想の源を言語化させ、黒板に残していくことで、誰にとっても考え方の共通点がわかりやすくなる。その結果、本質的な考え方である「面積の求め方を知っている長方形に直す」という考え方が顕在化できたのである。

授業後の学習感想を読んでみると、「長方形に直す」ということよりも、「面積の求め方を知っている形に直す」という考え方の重要さに気付いている子供が多かった。

これは、発想の源を問うことによって、「長方形に直す」という形式的な答えの求め方ではなく、「求め方を知っている形に直す」という解法の根幹となる考え方が言語化され、共通する考え方が見やすくなったことで、本質

的な考え方が顕在化されたからだと考える。

> 面積が分からない時は求め方が分かる形に直す。

> 今回のような平行四辺形という、まだ面積の求め方を習っていないものでも、今までにならってきた考え方をつかうことで、求めることができることが分かった。

(4) 発想の源を言語化することの重要性

　大切なことは、発想の源を言語化することである。言語化することで、「何が大切な考え方なのか」ということが、自分で解法を考えられなかった子供にも理解しやすくなり、共通する考え方にも気付きやすくなる。
　発想の源を言語化すると、1時間の中で最も大切な本質的な考え方を言葉で理解することができる。その結果、多くの子供が、次の問題を解決する際にその考え方を使えるようになる。
　次の授業は、三角形の面積の求め方を考える。三角形の面積の求め方を考える際、「面積を求められる形に直す」という考え方を発想の源として、自分で解法を考えられる姿を期待するということになる。

02
単元内の振り返り

(1) 三角形の面積の求め方を考える

　平行四辺形の面積の求め方を学習した後は、三角形の面積の求め方を考えた。

　この時間で大切なことは、「三角形の面積も、平行四辺形と同じように、面積の求め方を知っている形に直せば考えることができる」という、面積を求めるときの本質的な考え方に気付かせることである。

　本時では、底辺の長さが6cm、高さが3cmの一般三角形を提示して、三角形の面積の求め方を考えた。

　子供から出てきた解法は、平行四辺形もしくは長方形に変形したものである。倍積変形をする解法もあれば、等積変形をする解法も出てきたので、それぞれの解法について、発想の源を問うた。

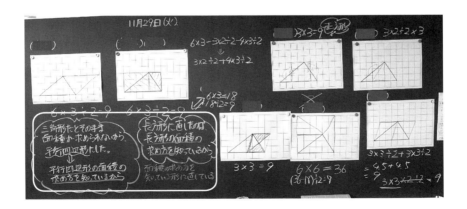

平行四辺形に変形した解法の発想の源は、「三角形だとそのまま面積が求められないから、面積の求め方を知っている平行四辺形にした」であった。
　長方形に変形した解法の発想の源は、「長方形の面積の求め方を知っているから」であった。
　ここで共通する考え方を問うと、「面積の求め方を知っている形に直す」という、面積の求め方を考える際に最も重要な考え方が顕在化された。これこそ、面積の求め方を考える際の本質的な考え方である。

(2) 前時で使った考え方との共通点を見つける

　子供の学習感想を読んでみると、本時の三角形の面積の求め方と平行四辺形の面積の求め方の考え方を比べて、「面積の求め方を知っている形に直す」という考え方の共通点に気付いている感想が多かった。
　そして、「面積の求め方を知っている形に直す」という考え方が、他の図形の面積を求める際にも使えることを発展的に考えている子供もいることが少しずつ表れてきていることもわかった。

CHAPTER 3 発想の源を問うことが振り返りを充実させる

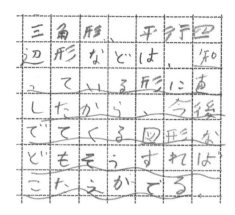

　発想の源を問うことで、三角形の面積を求める際に根幹となる考え方を言語化し、明確にすることができる。三角形の面積を求める際に根幹となる考え方を言語化することで、平行四辺形の面積を求めた際に使った考え方との共通点を理解しやすくなる。

　そうなれば、三角形と平行四辺形の面積を求めるときに共通する、本質的な考え方が何になるのかは、おのずと見えてくる。

　そして、「他の図形の面積を求めるときにも使えそうだ」という意識を、子供は自然ともつようになる。

(3) 発想の源を言語化すると考え方がつながる

　平行四辺形と三角形の面積の求め方について発想の源を問うことで、それぞれの求め方の根幹となる考え方が言語化された。

　すると、三角形の面積の求め方を考えた後でも、平行四辺形の面積の求め方で大切だった考え方と比較できるようになる。

　考え方を言語化していくことで、授業で使った考え方をつなげやすくなる。考え方のつながりを意識できれば、考え方の共通点を見つけやすくなる

61

し、「だったら、次に出てくる形の面積も、同じように考えればよさそうだな」と発展的に考えることもしやすくなるのである。

(4) 台形・ひし形の面積の求め方を考え、面積の求め方における本質的な考え方を顕在化させる

　次は、台形の面積の求め方を考える授業である。ここまでくれば、「いつでも面積の求め方を知っている形に直せばできる」という考え方を使って、台形の面積の求め方を考えられるようになるとともに、今までの面積の求め方を統合的に考え、多くの子供が「だったら、どんな形の面積の求め方を考えるときも同じ考え方でできそうだ」と考えられるようにしたい。

　はじめに、今まで学習してきた面積を求められる形について振り返った。

　導入での振り返りをすることで、「どんな既習の内容を使うことができるのか」ということを、クラス全体で共有することができる。

　今まで学習した面積を求められる形を確認した上で、「どんな形なら面積を求めることができそうか？」と発展的に考えさせた。

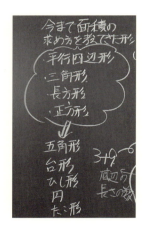

　子供から出てきた中から台形を取り上げ、本時では「台形の面積の求め方を考える」という問題に取り組むことになった。

CHAPTER 3　発想の源を問うことが振り返りを充実させる

　平行四辺形に変形する考え方、長方形に変形する考え方、2つの三角形に分ける考え方、三角形と平行四辺形に分ける考え方が発表された。このときも、今までの学習と同様に発想の源を問うた。

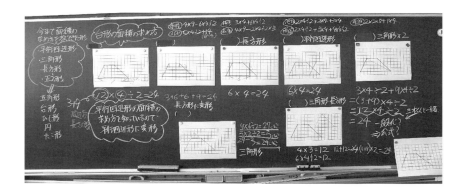

　どの解法の発想の源も、「面積を求められる形にする」という考え方が共通していた。

　本時については、平行四辺形、三角形と学習してきた上で台形の面積の求め方を行ったので、特に共通する考え方について黒板に残すことはしなかったが、子供の学習感想を見ると、やはり「面積の求め方を知っている形に直す」という、面積の求め方の本質的な考え方の重要さについて記述しているものが多かった。

> 台形を変形させて平行四辺形や長方形に直すことで分かりやすくできる。

> 分からない図形を求める時は知っている図形に直す。

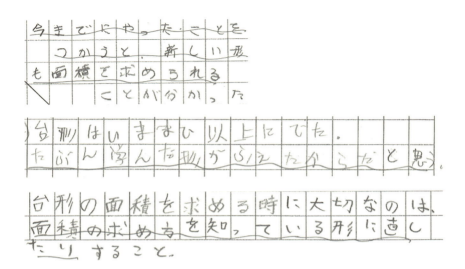

この後、ひし形の面積の求め方についても学習した。それまでの学習と同様に発想の源を問い、「面積の求め方を知っている形に直す」という考え方が重要であることを、単元を通した重要な考え方として振り返った。

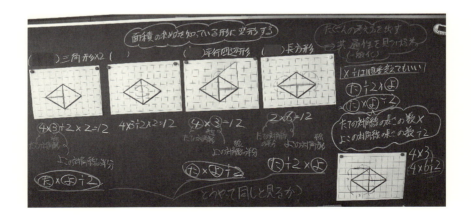

(5) 子供が「創造力」を育成している姿

　ここまで共通する考え方について考えてきたので、それまでなかなか自分では面積の求め方を考えることができなかった子供も、ひし形の面積の求め方を考え、発表することができた。

　発想の源を問い、共通する考え方を明確にしていったことで、単元の前半では自分で解法を考えることができなかった子供も、自分で解法を考えることができるようになっていった。

　この姿こそ、「創造力」を育成している姿だといえるだろう。

03
学年を越えた振り返り

　どんなに第5学年で四角形や三角形の面積の求め方について考えたとしても、そこで発見した「面積を求められる形にする」という面積の求め方を考える際の本質的な考え方が使えるようになっているかはわからない。
　その考え方が、子供の中に身に付いているかを見取ることができるのが、第6学年の円の面積の求め方を考える授業である。

(1) 導入で発想の源を問う

　半径10cmの円を提示し、円の面積が何cm²になるかを問うた。円の面積を考えることがはじめての子供もいたが、半径×半径×3.14という公式を知っている子供も多かった。しかし、その公式になる理由までは理解していなかった。だから、多くの子供は「求めることができない」という気持ちをもっていた。曲線で囲まれている形の面積を求めることはできないと考えていたのである。
　そこで、導入段階で発想の源を問うた。問い方としては、「今までのどんな学習が使えそうかな？」というものである。
　円の面積を求めるという問題を解決するための直接的な見通しではなく、あくまで、どんな学習で学んだ知識及び技能や考え方が使えるのかを問うたのである。
　「円の面積だから、5年生で学習した円周の学習が使えそう」「面積なんだから、今までの面積で使ったことも使えそうだ」という着眼点が出された。「面積というのは1cm²がいくつかを考えていること」や、円周の学習のときに使った「はさみうち」という考え方も使えるのではないかという、過去の

CHAPTER 3　発想の源を問うことが振り返りを充実させる

学習で使った具体的な知識や考え方も出され、それらの意見が発想の源になるかもしれないことを伝え、自力解決を開始した。

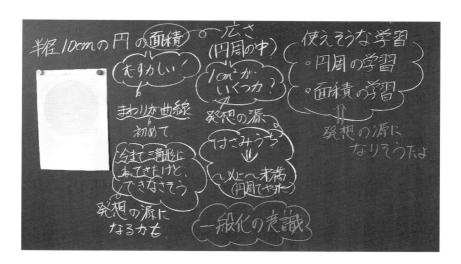

導入で発想の源を問うのは、目の前の問題を解決するためでもあるが、問題解決後に過去の学習との考え方のつながりを意識しやすくするためでもある。

(2) 前学年の学習における考え方とのつながり

導入で発想の源を問うた後、自由に円の面積の求め方について考えさせた。すると、様々な考え方を使って子供は考え始めた。

導入で発想の源を問うたので、「円の学習で使った考え方」と「面積の学習で使った考え方」をなんとか使って考えようとしている子供が多かった。

次頁の写真の子供は、「なんとか面積を求められる形にできないか？」という発想の源を基に、円をいくつかに切り分け、平行四辺形に近づけようとしていた。

67

　次の写真の子供は、最初の子供と同様に「なんとか面積を求められる形にできないか？」という発想の源を基に、円を三角形に分けて面積を求めようとしていた。

　これらの方法は教科書にも掲載されていることが多い。既に子供が知っている可能性もある。しかし、「どうしてそうしたのか？」ということまでは考えていないことが多い。「平行四辺形に近づければできる」「なるべく多くの三角形に分ければ求められる」と知識としては理解しているが、どうしてそうすべきなのかまでは理解していないということである。
　また、「円の学習で使った『はさみうち』という方法が使えそうだ」と考えて、円の面積の求め方を考えた子供もいた。次頁の写真がその子供のノートである。

CHAPTER 3 　発想の源を問うことが振り返りを充実させる

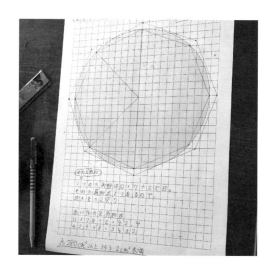

　この考え方の発想の源には、「面積を求められる形にしたい」というものと「円周を求めたときに使った考え方も使えそうだ」という2つの発想の源がある。
　発想の源は1つとは限らない。
　どの考え方の発想の源も、前学年で学習した内容とのつながりを意識したものであった。
　次の時間に、様々な解法を提示し、それぞれの解法の発想の源を問い、円の面積の求め方の一般化をして授業を終えた。
　様々な解法の発想の源を問うと、「今まで学習した面積を求められる形にする」という考え方が共通していることがわかった。
　これは、第5学年のときに四角形や三角形の面積の学習で発見した、面積の求め方の本質的な考え方が発想の源になっているということがいえる。
　授業では、「今まで学習した面積を求められる形にする」という考え方が、どの学習から発想されているものかを問い、第5学年の四角形と三角形

69

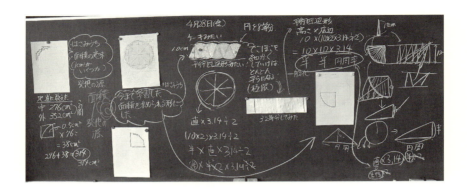

の面積の学習との関係を振り返るとともに、「今後、いろいろな形の面積を求める問題が出てきたときにも使えそうな考え方か?」ということも問い、未知の面積の問題に対しても、どのように思考すればよいかを考えさせた。

　以下は学習感想だが、多くの子供が「今まで学習した面積の求め方を知っている形に直すと求められる」という考え方が大切だということを書いていた。これは、前の学年の四角形と三角形の面積の求め方を考えた学習とのつながりを意識できた結果だと考えられる。

> 円のような、求め方を知らない図形でも、今まで学習した面積を求められる形にすることが大切だと思った

> 他の形のぐちゃぐちゃでも四角形や三角形と分ければすぐもとめられる。

また、次の学習感想のように、「どんな形でも、面積を求められる形にすれば面積を求められそうだ」というように、発展的に考えている学習感想もあった。

> どんな形でも、今まで学習した面積を求められる形になおすと求められることが分かりました。

(3) 学年を越えた振り返りをすることの意義

　学年を越えた振り返りをすることで、算数の学習がつながっていることを子供に強く意識させることができる。「前に学習したことを使えば、新しい問題を解くことや、新しい知識及び技能を自分で発見できる」ということを思えるようになる。それは、将来の学習に対する態度も大きく変える。

　学年を越えた振り返りをするためには、共通する考え方を見つける必要がある。その際、いきなり「前の学年で使った考え方と同じ考え方はなんですか？」と子供に聞いても、子供は答えられない。なぜなら、子供は目の前の問題を解こうとしていただけだからである。

　発想の源を問い、発想の源がどの学習に起因しているのかを見つめ直すことで、過去の学習とのつながりを意識しやすくなる。子供から出てくる様々な解法の発想の源を問うていけば、おのずと共通点が見つかってくる。

　発想の源を問うことが振り返りを充実させ、1時間だけでなく、過去の学習とのつながりを意識させ、将来の学習に活用できる本質的な考え方を発見することにもつながっていくのである。

CHAPTER **4**

発想の源を問う授業の作り方

01
発想の源を問う授業に必要なこと

　発想の源を問うためには、授業の前にすべきこと、授業中にすべきことがいくつかある。それは、主に以下の3つだと考えている。
　(1) 本質的な考え方が何かを考える
　(2) 発想の源を問う場面を考える
　(3) 発想の源を板書に残す
　これらのことは、今までの授業においても行われてきたことであり、発想の源を問う授業のためだけに必要なことではないが、大事なことである。
　(1)「本質的な考え方が何かを考える」とは、今まで言われていた「ねらいやめあてを明確にする」ということと同様である。これがなければ、どんな授業も「活動あって学びなし」になってしまう。ただし、知識及び技能をねらいやめあてにするのではなく、「どんな考え方が大切なのか」ということを子供が理解できるように、教師が考えておくことが大切である。
　(2)「発想の源を問う場面を考える」とは、「問うべき問いを問う」ということになるだろう。すべての子供の考え方に価値があることは間違いないが、深めるべき考え方が何かを教師がもっていなければ、子供は「何が大事なのか」ということがわからないまま授業が終わってしまう。(1)「本質的な考え方が何かを考える」とも関連するが、「何を考えさせるのか」ということを踏まえ、発想の源を問う場面をしっかりと考えておきたい。
　(3)「発想の源を板書に残す」ときに大事なことは、知識及び技能を書くのではなく、「どうしてそうしようと思ったのか？」という発想の源を言葉で残していくのである。そうすることで、どんな考え方が解法を考えるために根幹となったのかを、解法を自分で考えることができなかった子供にも理

解できるようになるとともに、授業後半で共通する考え方を子供が見つけやすくなる。

　(1) ～ (3) を踏まえることで、発想の源を問う授業を作りやすくなる。

02

発想の源を問う授業を作る

(1) 本質的な考え方が何かを考える

　発想の源を問うことの有効性は、解法の根幹となる考え方を言語化し、本質的な考え方を顕在化させることである。

　よって、発想の源を問うことの授業の一応のゴールは、本質的な考え方を顕在化させることである。そのため、まずは「本時で引き出したい本質的な考え方とは何か？」ということをはっきりとさせておかなければならない。これがわかっていれば、何を目指して授業をし、何を子供に考えさせたいのかが明確になる。

　重要なことは、「本質的な考え方とは何か」ということである。本質的な考え方とは、目の前の問題を解くために必要な考え方ではなく、同様な問題を解くために共通する考え方である。そして、本質的な考え方は、将来の学習において新しい知識及び技能を自ら創り出すために必要な考え方にもなる。

　ということは、目の前の1時間の授業における本質的な考え方について考えていても、見つからないということである。

　過去の学習、そして、将来の学習のつながりを考え、根底に流れる本質的な考え方を探し出すのである。知識及び技能の系統性を知ることも大切だが、もっと重要なことは、「どんな考え方を獲得することが、将来の学習において、子供自身に創造的な算数の活動をさせられるのか」ということを考え、過去の学習、そして、将来の学習につながっている考え方を明確にするのである。

例えば、第3学年の重さのたし算で次のような問題を学習する授業を考えるとする。

【問題】
　500gの箱に2kg300gの土を入れると、全体の重さは何kg何gになるでしょうか。

　この授業を考えるとき、「図の大切さを感じられるようにしよう」とか、「式と図と言葉を使って、論理的な説明ができるようにしよう」ということをねらいにしたとする。そのねらいは、授業をする上でとても大切であり、将来の学習にも役立つ。
　しかし、本質的な考え方というのは、そういったことではない。もっと算数という学習の内容について考えなければならない。この場合であれば、「たし算（ひき算）とは何か？」ということを考えることである。
　合併や増加といったたし算の意味を理解することも大切である。それがたし算の立式の根拠になる。しかし、もっと将来の学習も含めて、たし算の根底に流れる考え方（ひき算はたし算の逆算なので、同時にひき算の根底に流れる考え方でもある）はなんであろうか。それを見つけるためには、目の前の授業のことだけを考えていては見つからない。
　小学校のたし算の学習の最後は、異分母分数のたし算である。これは第5学年で学習する内容であるが、5年生が異分母分数のたし算を学習する際に、「今までやってきたたし算で使ってきた、こういう考え方を使えばできるよ」と自分で解法を発見できるようにしたいのである。
　学習指導要領解説には、異分母分数のたし算の内容について、「**この場合、形式的に通分をして計算するのではなく、通分することによって単位分数の個数に着目して考えることが大切である。これは、単位を揃えて計算するという加法や減法の計算の基本になる考え方である**」と述べられている。

たし算における本質的な考え方というのは、「単位を揃えて計算する」ということである。

この考え方が見つかれば、たし算の学習をするときは、「単位を揃えて計算する」ことに着目できるように授業を組み立てればよいということになる。

たし算の学習には、様々な授業がある。扱う数も、整数、小数、分数（同分母、異分母）とあるし、本問題のような長さや重さなどの量同士のたし算もある。

そのすべての学習において、「単位を揃えて計算する」という考え方に子供が気付き、そして、過去の学習とのつながりを振り返り、「いつもたし算は、単位を揃えればできる」という本質的な考え方に気付けるようにしていくのである。

本質的な考え方が何かを授業前に教師が把握しておくことが、発想の源を問う授業にとって大切である。そのためには、教材研究をするしかない。目の前の授業だけでなく、もっと広い目で教材研究をするべきである。

例示した重さのたし算であれば、「重さ同士のたし算」として教材研究をするだけでなく、「たし算とは何か？」という目で教材研究をするとよい。すると、第1〜6学年まですべての学年で共通する本質的な考え方が顕在化してくる。

本質的な考え方がわかれば、その考え方に子供が気付けるように、授業を逆算して構成していけばよいのである。

どんな考え方が本質的な考え方なのかがわかれば、目の前の授業で大切にすべき、発見すべき考え方が何かが見えてくる。

(2) 発想の源を問う場面を考える

では、実際の授業ではどのようなことをすればよいだろうか。それを考えるために、発想の源を問う場面を考えるとよい。

基本的には、発想の源は子供のすべての解法について問うてもよいと考え

ているが、「この考え方が出た際は、深く掘り下げる必要がある」ということだけは踏まえておかなければ、授業を受けている子供は、授業後に「今日は、いったい何が重要だったのか？」と疑問に思って終わってしまう。

先の問題を例にすれば、次のような子供の説明が考えられる。

「箱が500gで、土が2kg300gだから、500gと300gをたして、800gになります。2kgと800gで、全部で2kg800gになります」

ここで、教師から「どうして500gと300gをたそうと思ったの？」と発想の源を問いたい。きっと、子供は「だって、同じg同士だから500gと300gをたすんだよ」という、発想の源が出てくるだろう。

そうなれば、すかさず教師から「2kgと500gをたして、502gではいけないの？」と問い直したい。すると、子供ははじめて「同じ単位同士でないとたし算はできないから」という、たし算の基本となる考え方に気付くのである。

子供は自然と単位を揃えて、たし算を行う。しかし、当たり前過ぎて子供はそこに疑問をもたないのである。だからこそ、教師がそこで発想の源を問わなければ、本質的な考え方に子供が気付くことは難しい。

長さや重さなどの量同士のたし算であれば、子供は自然と単位を揃えて計算をする。しかし、筆算や分数のたし算となると、単位を揃えて計算をしている意識は薄くなる。だからこそ、子供が自然と単位を揃えてたし算をする場面において、発想の源を問い、たし算における本質的な考え方を顕在化させておく必要がある。

発想の源を問うと、子供はすぐに返答できないこともある。「授業が止まる」ということが起こる可能性も十分に考えられる。実践してみると、例示した重さ同士のたし算もその一つであった。

しかし、発想の源を問うことで、子供自身では気付けなかった本質的な考

え方に気付き、過去の学習や将来の学習の考え方とつなげていくことができる。そして、特に将来の学習においては、子供が新しい知識及び技能を自ら創り出せる力にしていくことができるのである。

「授業が止まる」ということは、子供の思考に素直に沿っていないということである。発想の源について意識できていない子供にとっては、発想の源を問われることは素直な思考とはいえないだろう。しかし、発想の源を問うことをしない限り、いつまでも子供は解法の根幹となる考え方に対して意識をすることはできない。

将来の学習において、子供自身が新しい知識及び技能を創り出せるようになれば、算数を学習することも楽しくなるだろう。そのためには、ほんの少し立ち止まることも、重要なことである。

(3) 発想の源を板書に残す

今までの算数の授業の板書というのは、どうしても知識及び技能や、論理的な証明について残していくことが多かったように感じている。これは、自分の授業を振り返っても感じている。

この原因は、算数という学習が、知識を覚え、計算ができるようになるための学習だと考えているからではないかと思う。

そうではなく、「算数は創造力を養う教科だ」と考えれば、将来の学習で、子供が自分自身で新しい知識及び技能を創り出せるような力を養うことを目指すようになる。

「算数は創造力を養う教科だ」と考えれば、板書に残すことも変わってくるであろう。知識及び技能だけでなく、発想の源となる、解法の根幹となる考え方や、考え方の共通点となる本質的な考え方を板書に残していく必要があるということは理解していただけるだろう。

先述した重さ同士のたし算の学習の授業の板書が次の写真である。

最初に、500gと300gをたした子供に「どうして500gと300gをたそう

CHAPTER 4　発想の源を問う授業の作り方

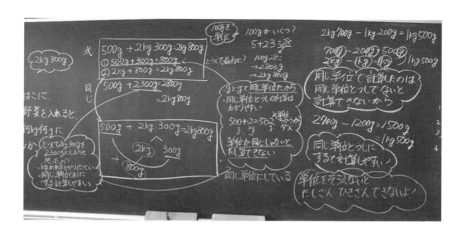

と思ったの？」と発想の源を問うた。そこで、子供は「え？」という表情を見せていた。そんなこと考えてもみなかったのであろう。

　少し時間が経って、「gとgが同じ単位だから」という言葉が返ってきた。そこで、「500＋2＝502としてはいけないの？」と問い返した。すると、「単位が違うからたせない」ということに気付いていった。

　他にも2kg300gを2300gにして、500g＋2300g＝2800gと計算した子供もいた。この計算の仕方の発想の源も問うた。すると、「kgがあるとやりにくいから」や「同じ単位（g）にすると計算しやすい」という考え方が出てきた。

　重さのひき算も扱い、ひき算においても、同じ単位同士でないと計算ができないことを押さえ、どんな考え方が一番大事なのかを振り返った。そして、「単位を揃えないと、たし算・ひき算ができない」という考え方をまとめて授業を終えた。

　授業感想を見ると、「単位を揃えないとたし算・ひき算ができないということをはじめて知った」ということについて書いていた子供がほとんどだった。

81

わたしは、ずっとたんいがそろうとわかりやすい、考えやすい、計算しやすい、はやくできると思っていました。けれでも、今日のじゅぎょうで同じたんいでないと計算できないということがわかりました。

03
発想の源を子供が もてるようにするための手立て

　当然であるが、発想の源をもつためには、子供が既習の内容を理解しておく必要がある。そうでなければ、発想の源をもつことだけでなく、過去の学習とのつながりを理解したり、将来の学習について考えたりすることもできないだろう。

　私が考える算数を学習する意味は、創造力を養うことだと何度も述べてきた。そうであれば、算数の学習で子供が新しい知識及び技能を自分で創ることが最も大切な経験となる。

　もし、既習の内容が身に付いていない状態で学習をしたとして、子供は自分で新しい知識及び技能を創り出すことができるだろうか。

　目の前の学習を通して、既習の内容で学んだ考え方の重要性に気付くことが理想である。しかし、教師が「このままでは、多くの子供にとって、聞いているだけの学習になってしまう」と判断した場合は、事前に発想の源となる考え方に気付かせるような学習をすることも必要だと考えている。

(1) 事前に本質的な考え方を共有する時間

　第5学年で異分母分数のたし算の計算の仕方を子供が創り出すためには、「単位を揃える」というたし算の基本となる考え方を使う必要がある。しかし、この考え方を意識して、今までのたし算の学習をしてきた子供は多くない。

　実際、以前に5年生を担任し異分母分数のたし算を学習した際に、「どう

して通分する必要があるのか」という疑問が子供から出たが、その疑問に答えられる子供は少なかった。正確にいうと、「単位を揃える必要があるから」という説明ができたのは一人だけだった。

「分母が同じ分数同士のたし算ならできるから」という説明はできるのだが、多くの子供は通分する必要については説明できなかったのである。

それどころか、「単位を揃える必要がある」という一人の説明を聞いても、なかなか他の子供は理解することができなかった。説明を聞いてもわからない子供が多いということは、クラス全体が「単位を揃えて計算する」というたし算の本質的な考え方の必要性を感じていないということである。それでは、いくら通分をする意味を説明したところで理解はできないし、将来の学習で使える知識及び技能にもならない。

そこで、新しく担任した5年生のクラスでは、異分母分数の学習をする前に「たし算は単位を揃えないとできない」という考え方を理解する授業を1時間行った。

その際の板書が以下の写真である。

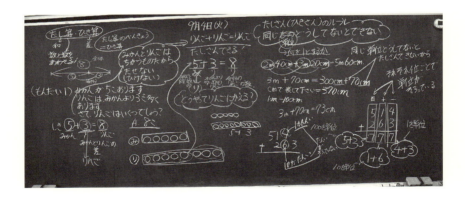

最初に扱った問題は、「みかんが5個あります。りんごは、みかんより3個多くあります。さて、りんごはいくつでしょう」という問題である。第1

学年の求大のたし算の問題である。
　5年生の子供は、何も疑問に思わず、「5+3=8で8個です」と答えていた。
　そこで、「この式の5と3と8は何？」と問うと、子供は「5はみかんの数、3はみかんとりんごの差、8はりんごの数」と答えた。その答えを聞いて、私が「みかんに何かたすと、りんごに変わってしまうんだぁ。不思議なたし算をみんなはするんだねぇ」と言うと、子供は「何かおかしい」と思い始めた。
　たし算のいろいろな場面を振り返りながら、みかんはみかん同士、りんごはりんご同士しかたせないことを話し、5+3=8という式と図を照らし合わせながら、それぞれの数が何を表しているのかを考えていった。

　8はりんごの数なのだから、5と3をりんごに変えることができれば、たし算ができることに気付いた子供は、なんとか5と3をりんごと見ることができないかを考えていった。
　図と照らし合わせることで、5と3がりんごを表した図のどこに当たるのかを考えることができ、「5はみかんと同じ数のりんごの数、3はみかんよりも多いりんごの数」ということを考えることができた。（次頁の図参照）
　この結果、「たし算は同じもの同士でないとできない」という、たし算の基本となる考え方をまとめていった。
　その上で、長さ同士のたし算や筆算のたし算を扱い、「たし算は同じ単位

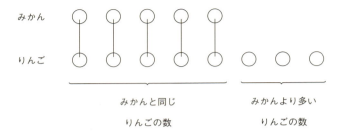

同士でないとできない」という言葉に変えていった。

　この1時間を行うことで、「単位を揃えて計算する」というたし算の本質的な考え方を全員の子供に共有したのである。

　当然、この時点では、異分母分数のたし算を次時に行うことを子供は知らない。

(2) 本質的な考え方を基に、新しい知識及び技能を創り出す

　次時に行った異分母分数のたし算の学習の板書が次の写真である。

　扱った問題は、「$\frac{1}{2}$Lと$\frac{1}{5}$Lを合わせると何Lになるか」という場面である。

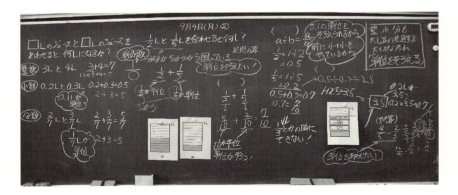

まず、子供からは「同分母分数のたし算は計算できるから、分母を揃える」という発想のもとに計算する方法が出された。
 そこで、発想の源を問うた。
 「どうして分母を揃えようと思ったの？」と問うと、「分母が違うから困ったので、分母を揃えたいと思ったから」という考え方が最初に出てきた。
 さらに「分母を揃えるというのはどういうことなの？」と問うと、「単位を揃えたいということ」という言葉が返ってきた。
 「単位を揃えたいとはどういうことか？」と問い返すと、「$\frac{1}{2}$というのは$\frac{1}{2}$を単位にして$\frac{1}{2}$が1個ということで、$\frac{1}{5}$は$\frac{1}{5}$を単位にして$\frac{1}{5}$が1個ということだから、単位が違うからたし算ができない。だから、単位を揃えたい」という説明だった。
 これこそ、「単位を揃えて計算する」というたし算の本質的な考え方を使って、新しい異分母分数のたし算の計算の仕方を創り出した瞬間といえるだろう。
 あとは、どうやって単位を揃えるのかを考えれば、異分母分数のたし算の計算の仕方は完成する。

(3) 理想ではないが、算数の学習で優先すべきことがある

 前時に「単位を揃えれば、たし算ができる」という、たし算の本質的な考え方を共有したことで、異分母分数のたし算の計算の仕方を子供が創り出すことができたと考えている。
 できることならば、異分母分数のたし算の計算の仕方を考える際に、子供が過去のたし算の学習で使った考え方を思い出し、たし算の本質的な考え方を使ってくれることが理想である。しかし、目の前の子供が、いつもそうだとは限らない。
 もし、これから始まる学習で、子供だけでは新しい知識及び技能を創り出すことができないと判断できたのであれば、前時に本質的な考え方を共有す

る時間は設けるべきだと考えている。なぜなら、算数は創造力を養うための教科だと考えているからである。

　今回の例であれば、前時に「単位を揃えて計算する」という考え方を共有することで、子供は異分母分数のたし算の計算の仕方を創り出すことができた。もし前時に「単位を揃えて計算する」という考え方を扱っていなかったら、自分で新しい計算の仕方を創り出す経験は難しかっただろう。

　算数の学習において、一番価値があることは、子供が「自分で新しい発見ができた！」と思えることである。その経験の積み重ねが、創造力を育み、自立した学習者にしていくのだと考えるからである。

　明らかに、子供が「自分で新しい発見ができた！」と思うことができない授業が次の学習で行われると判断できているのであれば、前時に手を打つことは必要なことだと考える。

　しかし、理想は子供が自分で過去の学習とのつながりを意識できるようになることである。それができるように育てることを忘れてはいけないし、それができるようになってきているのであれば、少しずつこういったことを減らしていけばよい。

CHAPTER 5

発想の源を問う
授業の実践例

第4章にて、発想の源を問うために必要なこととして、以下の3つを提示した。
(1) 本質的な考え方が何かを考える
(2) 発想の源を問う場面を考える
(3) 発想の源を板書に残す

本章では、発想の源を問う授業の実践例を紹介するが、上記の3つの点に沿って、実践を紹介していく。(3)については、各実践の内容で触れていくこととする。

これまで本書に書かれていた事例として高学年の学習内容が多かったので、低学年・中学年の実践を紹介する。

発想の源を問う授業は、高学年の方が価値を感じやすい。なぜなら、既習の内容が多くなるので、過去の学習とのつながりを意識しやすく、将来の学習に向けて発展的に考えることもしやすいからである。

しかし、低学年・中学年での学習の積み重ねがあるからこそ、高学年で発想の源を問えるのである。よって、低学年・中学年での学習が重要となる。

低学年では、既習の内容が少ない分、どうしても目の前の学習ばかりに目を向けてしまうが、「本質的な考え方が何か」ということを教師は考え、子供に気付かせるような授業を組んでいくことが重要である。

既習の内容が少ない場合、本質的な考え方が理解できたとしても、その考え方が過去の学習でどのように使われ、将来の学習でどのように役立ちそうかを考えることは難しい。

しかし、低学年の学習において、本質的な考え方を理解しておけば、将来の学習において、子供が自分で新しい知識及び技能を創り出せる可能性は高まることは間違いない。

また、本章における実践は、すべて私が担任していないクラスにおいて行ったものである。普段、発想の源を問うことをしていないクラスの子供が、どのような反応をするのかを知っていただくことができると考えている。

第1学年

くり下がりのあるひき算

(1) 本質的な考え方が何かを考える

　くり下がりのあるひき算の本質的な考え方とは、「10 を使ってひく」という考え方である。

　例えば、13－9 という計算をする際、数え引きを除けば、2 通りの計算の仕方が考えられる。減々法と呼ばれるものと、減加法と呼ばれるものである。

　本質的な考え方を考える際、減々法と減加法に共通する、くり下がりのあるひき算における本質的な考え方を明確にする必要がある。それが、「10 を使ってひく」という考え方である。

　13－9 を減々法で行うと、まず 3 をひく。まだ 6 ひかなければならないので、10 から 6 をひき、答えが 4 と出る。図で表すと、以下のようになる。

　次に、減加法で行うと、まず 10 から 9 をひく。残った 1 と 3 を合わせると答えが 4 と出る。図で表すと、以下のようになる。

　子供の思考としては、13 を 10 と 3 に分けた 3 からひければ都合がよい。例えば、13－2 という計算をする場合、まず 3－2＝1 として、10 と 1 で 11

と答えを出す。しかし、13－9の場合、3から9がひけない。だから、「10を使ってひく」のである。これが、くり下がりのあるひき算の本質的な考え方である。ただ「10を使ってひく」のではなく、「3から9がひけないから」という理由もしっかりと押さえたい。

減々法と減加法のどちらが優れているかは、数値によって異なる。よって、どちらかの計算方法に固定するのではなく、どちらの計算方法も認め、くり下がりのあるひき算のときに重要となる「10を使ってひく」という考え方を、子供に印象付けられるようにする。

この考え方が、第2学年以降で学習する、2桁以上の減法の計算方法や、筆算の仕方を創り出す際に、発想の源となるのである。

(2) 発想の源を問う場面を考える

本時で「10を使ってひく」という考え方を顕在化させるためには、減々法と減加法が出された際に、発想の源を問いたい。

13－9を例にすると、減々法が出された際に「どうして3からひこうと思ったの？」と問うことになる。すると、子供からは「3からひけば、あと6ひけばいいことがわかるから」というように返ってくる。そこで、「6はどこからひけばいいの？」と問い返せば、「10を使ってひく」という考え方が出てくる。

減々法というのは、10以外の数をひいて、それでもひけない分を10からひくという考え方である。よって、10以外の数をひいたことについて発想の源を問えば、「10を使ってひく」という考え方に辿り着くのである。

減加法が出された際は、「どうして10からひこうと思ったの？」と問う。すると、子供からは「3から9はひけないけれど、10から9はひけるから」というような言葉が返ってくる。減加法は、「10を使ってひく」という考え方が直接的に出てくるので、ここでも「10を使ってひく」という考え方を押さえるのである。

CHAPTER 5 　発想の源を問う授業の実践例

　減々法と減加法に共通しているのは、「10 を使ってひく」という考え方とともに、「3 から 9 がひけないから」という「10 を使ってひく」理由である。よって、「10 を使ってひく」という考え方を使うのは、10 以外の数からひけない場合であることも理解することが大切である。
　13－9 であれば、13－1 や 13－2 と比べながら、「3 からひけるならばひいて計算をするが、3 からひけない場合は、『10 を使ってひく』」というようにまとめていくということである。

（3）実践の内容

　本時で扱った問題は、以下のようなものである。
　「あめが□個あります。そこから□個食べました。残りはいくつ？」
　最初、15－3 という式になるように□に数を入れた。そこで、15 を 10 と 5 に分けて、5－3＝2、10＋2＝12 と答えを出すことを共有した。これは既習の内容である。
　次に、13－9 という式になるように□に数を入れて、自力解決を行った。
　自力解決後、最初に出てきたのが減々法である。15－3 を導入で扱ったため、10 以外の数からひこうとする考え方は素直な発想である。
　13－3＝10、10－6＝4 と計算したのである。そこで、「どうして 3 からひこうと思ったの？」と発想の源を問うた。その後のやり取りを残したのが、下の板書である。
　発想の源を問うと、子供は「3 をひけば、あと 6 ひけばいいことがわかる」と答えた。そ

93

こでさらに「あと6はどこからひくの？」と問い返し、「10からひけばいい」という言葉を引き出した。

さらに、「どうして10から6をひいたの？」と聞くと、「3でひききれないから、10からひく」という、「10を使ってひく」理由も説明させた。

次に減加法である。10−9＝1、1＋3＝4と計算したのである。そこで、「どうして10からひこうと思ったの？」と発想の源を問うた。すると、子供からは「9は10の中に入るから」という答えが返ってきた。

これは、「3から9がひけないから、9をひける10からひいた」ということである。

ここでも、「10を使ってひく」という、くり下がりのあるひき算の本質的な考え方を顕在化させるとともに、その考え方を使う理由も説明させた。

これらのやり取りの記録が、以下の板書である。

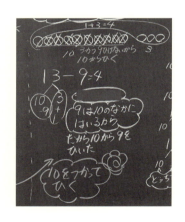

減々法と減加法のどちらにも、「10を使ってひく」という考え方が使われていることは気付きやすかったが、その理由を再度確認するために、「13−1、13−2、13−3は、10と3のどちらからひくか？」ということを聞いた上で、13−9の計算の仕方を振り返らせ、「3から9がひけないから、10から

ひくんだ」ということを押さえた。

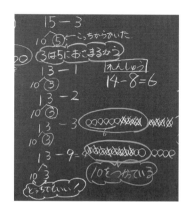

以下、第1時の板書の全体である。

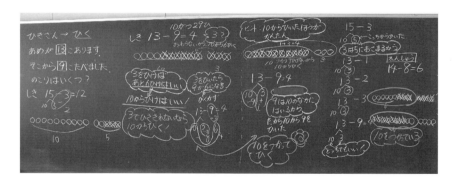

授業の最後に14－8という適用問題を解いてもらった。その際のノートを見てみると、答えが出せない子供はいなかった。

答えを出すだけでなく、図や言葉を使って、減々法と減加法の計算方法を説明する記述が残されていた。それらの記述を見ると、「10を使ってひく」という考え方を意識したものが残されていた。

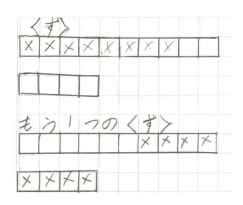

　次の写真は、第2時の板書である。問題は、「12−7の計算の仕方を考える」というものである。

　第2時においても、減々法と減加法が出され、それぞれについて発想の源を問うた。そして、どちらも「10を使ってひく」という考え方が共通していることを確認した。その際も、「2から7がひけないから」という、10を使ってひく理由についても確認していった。

CHAPTER 5　発想の源を問う授業の実践例

　授業後に授業感想を書いてもらった。多くの子供のノートには、減々法や減加法の計算の仕方の順序が書かれていたが、中には、減々法と減加法の共通する考え方について述べられている感想もあり、発想の源を問うことで、少しずつ１年生にも本質的な考え方が伝わっていくのだと感じられた。

　次の写真は、第３時の板書の写真である。12－3という減々法の方が使いやすい計算の仕方について考える場面である。

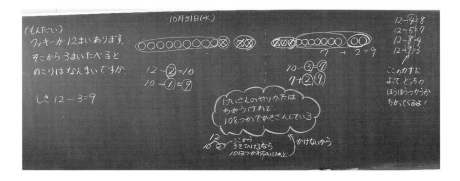

　ここでも、子供からは減々法と減加法と２つの計算の仕方が出された。第１・２時と同様に発想の源を問い、２つの計算の仕方の共通点である「10を使ってひく」という考え方を共有した。

(4) 実践の振り返り

　1年生であっても、発想の源を問い、解法の根幹となる考え方を言語化し、様々な解法に共通する本質的な考え方を考えることは可能であった。ただし、中・高学年のように様々な既習があるわけではない。よって、前に学習したことを使うというよりも、素朴に自分の解法の根幹となる考え方を述べていた。

　減々法と減加法に共通する「3から9がひけないから、10を使ってひく」という本質的な考え方は、特に何か既習の内容を活かしているわけではない。だから、「前にやった学習で使った考え方を使って〜」のような説明を1年生に期待することはできない。よって、1年生に発想の源を問う場合は、既習の内容というよりも、目の前の問題を解いた際の素朴な考え方の根幹を言語化することが大切だということである。

　また、1年生は図や式などの表現手段も定着していないので、発想の源が視覚的に見やすくなるようにする必要があった。

　板書に考え方を残していくことと同時に、ある程度統一した図を教師から提示し、提示した図を使って子供に考えさせたり、説明させたりすることが必要である。表現方法を統一することで、発想の源を考えやすくなり、共通する考え方を捉えやすくなった。

　1年生で発想の源を問う授業を行う場合は、解法の考え方を図や式などで、かなり具体的に示していく意識が必要である。

　また、発想の源を一回問うだけでは、なかなか解法の根幹となる考え方に辿り着かなかった。例えば、13−9の計算を減々法で行った子供に、「どうして3からひこうと思ったの？」と聞いても、「まず3をひきたいと思ったから」というように、計算の仕方の順序を説明するだけの子供も多くいた。その際、「3をひいた後、あと6はどうしようと思ったの？」というように問い返しながら、解法の根幹となっている考え方に迫るようなことが効果的

であった。
　第1学年に限らず、発想の源を一回問うだけでは、解法の根幹となる考え方に迫れない場合があるので、子供の返答に対して何度か問い返し、解法の根幹となる考え方を言語化させていくことは、どの学年の子供に対しても必要なことである。

第2学年

かけ算

(1) 本質的な考え方が何かを考える

　第2学年における、かけ算の本質的な考え方を「きまりを使う」とする。なぜなら、第3学年以降のかけ算の仕方を子供自身が創り出すためには、「きまりを使う」という考え方が不可欠だからである。

　第3学年の実践でも紹介するが、13×23という計算の仕方を第3学年の子供が考えるとき、一つの方法として、23を20と3に分けて、13×20＋13×3と考える。13×23をそのまま計算することはできないが、13×20と13×3は既習なので計算することができる。だから、23を20と3に分けて計算し、後でそれぞれのかけ算の答えを合計するのである。

　これも、第2学年のかけ算の学習で発見したきまりを使っている。このきまりは分配法則と言われるものである。分配法則を計算のきまりとして学習するのは第4学年だが、第2学年のかけ算でも学習する。九九表を見ながら、「2×2と3×2を合わせると、5×2の答えになる！」というきまりを発見する子供がいるが、これはまさに分配法則である。

　「そのままではできない計算も、きまりを使えば考えることができる」という着眼点を第2学年でもたせたい。そうすれば、第3学年以降のかけ算の学習において、そのままではできないかけ算も「きまりを使ってみよう」という発想の源をもつことができる。

　第3学年以降でかけ算を学習する際に使う主なきまりは、分配法則とかけ算の性質が多い。分配法則とは、a×c＋b×c＝(a＋b)×c、もしくは、a×b＋a×c＝a×(b＋c)とする計算のきまりである。

かけ算の性質とは、以下のように、かける数をc倍すると、積もc倍になるというものである。

$$a \times b = ab$$
$$\downarrow \times c \quad \downarrow \times c \quad \uparrow \div c$$
$$a \times bc = abc$$

分配法則は筆算の形式を考える際に必要になる。かけ算の性質は、かける数が小数や分数のとき、小数や分数を整数にするために必要になる。80×2.3という計算をするために、「そのままでは計算ができないので、2.3を10倍して23という整数にして80×23をして積を求め、その積を÷10して答えを求める」ということである。

どちらも「きまりを使って、自分が知っているかけ算にしたい」という発想の源から子供が使おうとするきまりである。

第2学年のかけ算の学習で発見するきまりが、すべて第3学年以降のかけ算の計算の仕方を考える際に必要になるわけではない。しかし、「きまりを使ったら、そのままでは計算できないかけ算もできそうだ」という着眼点をもっていれば、自分で計算の仕方を考え出せる子供は増えるだろう。

そのために、第2学年のかけ算の学習では、「きまりを使うと、新しい段の九九が創ることができる！」という経験をたくさんさせたい。

(2) 発想の源を問う場面を考える

第2学年のかけ算の学習においては、新しい段の九九を創っていく際に、今まで学習してきた段の九九で見つけたきまりを使う。子供がきまりを使って新しい段の九九を考えた際に、発想の源を問いたい。

例えば、6×5の答えを「6×5は、2×5と4×5の答えをたすと作れる」と考えた子供がいたら、「どうして2×5と4×5をたそうと思ったの？」と問いたい。そして、「だって、前にやった4や5の段でもこのきまりを使えたから、6の段でも使えると思った」というような、既習の内容を意識した答えを期待したい。

言うまでもないが、きまりが成り立つ理由を考えることも忘れないようにしたい。「なぜ、きまりが成り立つのか？」ということまで理解できていないと、将来の学習において、「どんなきまりを使おうか？」と考えた際に、最適なきまりを使えなくなってしまうからである。発想の源を問うとともに、きまりが成り立つ説明もおろそかにしてはいけない。

(3) 実践の内容

　本実践は、第2学年を担任している先生にお願いしたものである。私が実践をしているのではなく、実践をする前に、担任の先生と発問や展開の仕方について打ち合わせをしてから、授業をしてもらった。

　その先生は、普段から算数を研究されている先生で、子供には既習の内容を意識させて授業をしているということだった。

　本実践は、6の段を創る授業である。前時に、2～5の段で見つけたきまりについてまとめる授業を行った。2～5の段を創っていった際に、いくつかのきまりが出てきたが、各種きまりが成り立つ理由や、他の段でも同様に使えるか等を、九九表を使いながら改めて共有していったのである。その際の板書が、以下の写真である。

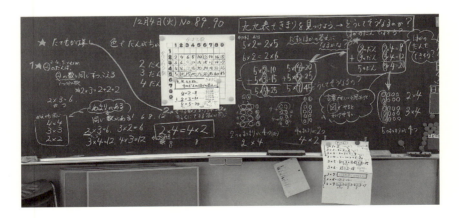

CHAPTER 5 発想の源を問う授業の実践例

　主に、交換法則と分配法則について扱い、きまりが成り立つ理由についてはアレイ図を使って子供が説明していた。
　そして、本時では、6の段を創っていった。その際の板書の写真が下のものである。

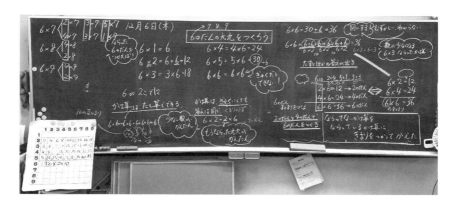

　最初、同数累加で答えを求めた子供の考え方が発表されたが、2～5の段の九九は既習であることから、交換法則を使って、6×3～6×5はすぐに答えが求められることに子供が気付いた。この気付きには、多くの子供が納得していて、いちいちたし算をしなくても答えが出ることに交換法則の利便性を感じていた。
　ここで、担任の先生が「どうしてこのきまりを使おうと思ったの？」と発想の源を問うた。すると、子供は「だって、2の段とか3の段とかはもう習ってわかるから」と答えていた。まさに、既習の内容を使って、新しい知識及び技能を創り出している姿だといえる。
　これは、普段から担任の先生が既習の内容を子供に意識させ、既習の内容を使うことを習慣化しているから、2年生でも既習の内容を意識できていると考えられる。
　6×6になると、交換法則で答えが求められなくなり、どうやって求める

のかが課題となった。

　まずは、6×5+6で求める方法が出された。これは発想の源を問うことはしなかった。既に多くの子供にとって使うことが当然の知識となっているので、改めて発想の源を問う必要はないだろう。

　次に、6×6=6+6+6+6+6+6と同数累加でやろうとした子供の考え方を取り上げた。これは、「6×2が3つと見える」ということになり、6×2+6×2+6×2で求められるということになった。分配法則である。ここから、6×3+6×3でも求めることができることにも気付いていった。ここで、「どうして、6×3+6×3ってしようと思ったの？」と発想の源を問うた。そこでも子供は、「6×3は習ったかけ算だから」というように、既習の内容を意識した発言をしていた。

　この考え方を聞いていた他の子供からは、2×6と4×6をしてたすという考え方が発表された。上記とは方法が異なるが、分配法則である。

　ここでは、発想の源を問わなくても、子供から自然に「2の段と4の段は習っているから」という言葉が出ていた。

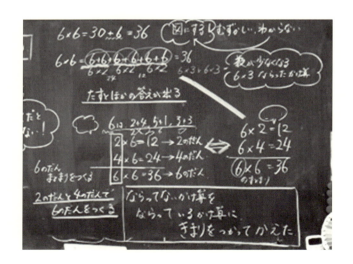

6×7〜6×9も、分配法則を使って創り出した。

最後に、共通する考え方を問い、「習っていないかけ算を習っているかけ算にきまりを使って変えた」という本質的な考え方を顕在化させ、授業を終わらせた。

(4) 実践の振り返り

担任の先生に伺ったところ、2〜5の段を創る際は、あまりきまりを意識して授業を行っていなかったということだった。しかし、子供からはいくつかのきまりを発見している姿が見られているということだった。

そこで、6の段の学習に入る前に、2〜5の段で見つけたきまりについて見直す時間を1時間取ってもらい、2〜5の段で共通して使えるきまりを共有し、きまりが成り立つ理由を考えるための授業を行ってもらった。そうすることで、6の段を創る授業において、子供が未習の内容を既習の内容を基に創り出す姿を見ることができた。

子供の学習感想にも、既習の段を使えば、新しい段を創り出すことができるということを感じた感想が多くあった。

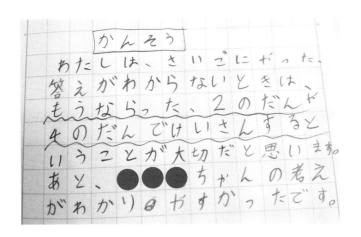

「既習の内容を使えば、新しい知識及び技能を創り出すことができる」という経験をすることが、算数の学習においては最も大切なことである。その経験の積み重ねが、「創造力」を養うことにつながるからである。
　本実践は、既習の内容を使って、新しい6の段を子供が創り出すことができた、価値のある実践になったと考えられる。
　こういった実践が可能になった大きな理由は2つあると考えられる。1つ目は、前時の授業である。6の段を子供自身が創り出せるように、きまりを共有する時間を取ることで、子供が既習の段を使って6の段を創ることができた。6の段を創ることができなかった子供でも、その説明を聞けば理解することができた。そうなれば、7の段以降は、多くの子供が創り出すことができるようになるであろう。
　2つ目は、普段から担任の先生が既習の内容を意識して子供を指導されてきたことだろう。もし、そういった指導がされていなければ、第2学年の子供が「3の段は習っているから」というような発言をすることは難しい。既習の内容を意識した指導を続けることで、「前に習ったことを使って考えてみよう」という意識がどの子供の中にも存在したのである。
　新しい知識及び技能を創り出せなかった子供にとっても、既習の内容と結び付けた説明がなされるので、「既習の何の学習を使って考えたのか」ということが明確になり、次時以降の問題解決のための着眼点を、しっかりと言語で理解することができるのである。
　実践をしていただいた担任の先生のクラスでは、発想の源を問う授業を続けてきたわけではない。よって、最初のうちは子供が発問自体に違和感をもっている様子だった。しかし、発想の源を問うことで、既習の内容との結び付きについて、より強く意識されていった。
　それまでも、既習の内容を意識した授業はされていたとのことだったが、発想の源を問うことで、クラス全体が、既習の内容と結び付けて考えることや、既習の内容を使うことで新しい知識及び技能が創り出せることを意識で

きるようになった。

第3学年

2桁×2桁（筆算）

(1) 本質的な考え方が何かを考える

　2桁×2桁の本質的な考え方は、「分けて計算する」という考え方である。13×23であれば、23を20と3に分けて、13×20＝260、13×3＝39、260＋39＝299と計算するということである。
　これは分配法則である。式でまとめると以下のようになる。

$$
\begin{aligned}
13 \times 23 &= 13 \times (20+3) \\
&= 13 \times 20 + 13 \times 3 \\
&= 260 + 39 \\
&= 299
\end{aligned}
$$

　分配法則自体は第4学年で学習するものであるが、第3学年で2桁×2桁の計算の仕方を考える際は、分配法則を使っていることになる。
　大切なことは、「なぜ分けて計算するのか？」ということを子供が理解し、その良さを感じられるようにすることである。
　分けて計算するのは、既習の内容を使ってできるからである。2桁×2桁を学習する時点で、2桁×何十や2桁×1桁は既習である。そこで、分けることによって、既習である2桁×何十や2桁×1桁の計算を使うことができるのである。
　「分けて計算することで、前に学習した計算を使って答えを求めることができる」ということを子供に実感させることが重要である。
　2桁×2桁の導入では、とにかく、「かけられる数、もしくは、かける数を分けて計算すれば、前に学習したことを使って、そのままでは計算できな

い2桁×2桁の計算ができた」という経験をすることが大切である。

筆算を学習する際には、どんな分け方が都合がよいかを考える必要が出てくるが、導入においては、様々な分け方を肯定し、「分けることで、前に学習したことを使って、新しい計算を自分たちで考えることができた」と思えるようにさせたい。そういった経験が、「算数は、前の学習を使って考えれば、新しいことを自分たちで創ることができるんだ」という姿勢につながっていくからである。

(2) 発想の源を問う場面を考える

子供は、かけられる数とかける数を様々に分けて考える。13×23という計算であれば、13を10と3に分けて10×23+3×23としたり、23を20と3に分けて13×20+13×3としたりするだけでなく、13を6と7に分けて6×23+7×23と考える子供もいる。そのすべての分け方に対して、発想の源を問いたい。

そして、どんな考え方も「分けて計算する」という考え方が共通していることに気付かせ、本質的な考え方を押さえるのである。

「分けて計算する」という共通する考え方に気付いた後は、「どうして分けて計算しようと思ったの？」ということについて発想の源を問いたい。

例えば、23を20と3に分けて考えた子供に発想の源を問えば、「13×20と13×3は、計算することが簡単だ」という言葉が返ってくることが予想される。

この「簡単」という言葉について「どうして簡単なのか？」ということを考えさせたい。

なぜ簡単かというと、13×20と13×3は既習の内容であり、計算することが可能だからである。

「分けて計算する」という本質的な考え方に気付かせるだけでなく、「分けて計算する」という考え方を使う理由と良さにも気付かせることで、既習の

内容を使えば、新しい知識及び技能を自分で創り出せることを子供に感じさせるようにすることを忘れないようにしたい。

(3) 実践の内容

導入で扱った問題は、以下のようなものである。

「1箱に13枚クッキーが入っています。箱が□個あります。さて、クッキーは全部で何枚あるかな？」

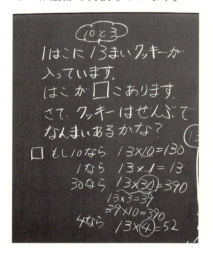

かけ算になることを確認した後、□の中にどんな数が入ればすぐに計算できるのかを問い、子供に□の中に入る数を考えさせた。

子供からは、□＝10 → 13×10、□＝1 → 13×1、□＝30 → 13×30、□＝4 → 13×4 という4つの式が提示された。

ここで、子供が決めた数を使ったかけ算をみんなで解き、×10や×何十、そして×1桁が既習であることが共有された。

既習の内容を共有しておくことで、「何を使って考えればよさそうかな」という見通しがもてるようになる。また、先行知識をもっている子供も、どの知識及び技能が既習の内容であるかがわかれば、何を使って考えたり、説明したりすればよいかがわかる。

次に、教師から□に23を入れ、縦13個、横23個のドットが並んだアレイ図を提示して問題場面を整理した。そして、13×23の計算の仕方を考えることを課題に自力解決を行った。

最初に出された計算の仕方は、13を10と3に分けて、10×23＝230、3×

23＝69、230＋69＝299 というやり方だった。

ここで、「どうして 13 を 10 と 3 に分けようと思ったの？」と発想の源を問うた。すると、子供からは「計算が簡単になる」という答えが返ってきた。

ここでさらに、「どうして簡単になると思ったの？」と問い返した。子供は、「×10 をするのが簡単だから」ということを説明した。10×23 を交換法則を使って 23×10 と頭の中で計算しているのである。

×10 は既習である上に、暗算が可能である。子供は説明しなかったが、3×23（交換法則を使って 23×3 にする）も既習なので計算が可能になる。よって、「簡単」というわけである。

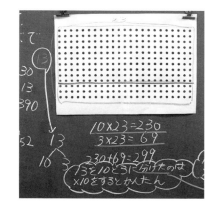

次に出された計算の仕方は、13 を 6 と 7 に分けて、6×23＝138、7×23＝161、138＋161＝299 というやり方であった。

ここでも「どうして 13 を 6 と 7 に分けようと思ったの？」と発想の源を問うた。すると、「×1 桁はやりやすい」という答えが返ってきた。この「やりやすい」という意味は、既習で計算ができるということだった。

上記 2 つの計算の仕方の説明が終わった時点で、「この 2 つの計算の仕方は違うよね。でも、同じ考え方があるんだけどわかるかな？」と問うた。

子供は、すぐに「分けていること」と考え方の共通点に気付くことができた。発想の源を問い、解法の根幹となる考え方を板書して残した結果、共通する考え方に気付きやすくなったのである。

最後に、23 を 20 と 3 に分けて、13×20＝260、13×3＝39、260＋39＝299 という計算の仕方が発表された。ここでも同様に、「どうして 23 を 20 と 3

　に分けようと思ったの？」と問い、子供から「×20と×3は簡単だから」という言葉を引き出した。
　そして、「簡単」という言葉の意味を考えさせ、既習の内容を使って計算することができるからだという、「分けて計算する」という本質的な考え方の理由と良さについて確認した。
　最後に振り返りとして、共通する考え方は何かについて問い、「分けて計算する」という考え方を押さえた。そして、「なぜ、分けて計算するの？」と問うた。
　その問いには、「まだ2桁×2桁はできないから、×1桁とか×10とかできるし、簡単だから」という答えが返ってきた。さらに「何が簡単なの？」と問い返し、×何十や×1桁が既習で計算できるから簡単だということを共有し、第1時の授業を終えた。
　発想の源を問うことで、「分けて計算する」という本質的な考え方に気付きやすくなった。しかし、「なぜ分けて計算するのか？」ということについて、最初、子供は「簡単にできるから」としか答えることができなかった。

CHAPTER 5　発想の源を問う授業の実践例

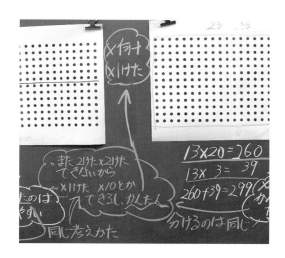

「なぜ簡単か？」ということを問い返し、考えることで、2桁×2桁の未習の計算を、既習の内容を使うと計算できることに気付くことができた。

学習感想には、共通する考え方が「分けて計算する」であるとともに、その良さについて述べられているものが多かった。

> 今日、ぼくは、分けるということの大切さを知りました。分けるとかんたんになったり、まだできないときも、分けたらできるということを知れました。今日もありがとうございました。

> 感想
> 今日は分けるということをして、計算をかんたんにしたら、計算のあまりとくいではないわたしでもできてよかったです。

113

以下の写真は、第1時の発想の源や本質的な考え方を言語化していったやり取りを残した全体の板書である。

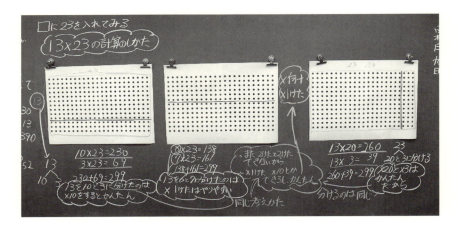

　第2時では、第1時の考え方を使いながら、2桁×2桁の筆算の仕方について考えた。
　最初に出てきた考え方は、次の①～⑤の順番で計算する方法だった。
　①3×3＝9　②3×10＝30　③20×3＝60
　④20×10＝200　⑤9＋30＋60＋200＝299
　これは13を10と3、23を20と3に分けて計算している。ここでも「どうして13を10と3、23を20と3に分けて計算しようと思ったの？」と発想の源を問うた。すると、「×1桁とか、×何十という計算は簡単だから」という答えが返ってきた。
　次に出てきた考え方は、次の①～③の順番で計算する方法だった。
　①3×13＝39　②20×13＝260　③39＋260＝299
　これは、23を20と3に分けて計算している。先程と同じように、「どうして23を20と3に分けようと思ったの？」と発想の源を問うた。この発問にも最初の考え方と同様に、「×1桁とか、×何十という計算は簡単だから」

という答えだった。

2つの筆算の仕方に共通している考え方を問い、「分けて考える」という考え方が2桁×2桁を計算する際には重要で、その考え方が筆算を考える際にも使われていることを確認した。

そして、「どうして分けるのか？」ということについては、「13×23はすぐにできないけれど、3×13、20×13はできるから」という、既習の内容を使えるように、分けて計算しているということについても考えることができていた。

授業の最後に、「今日の考え方を使えば、何桁×何桁の筆算できそう？」と問うと、「何桁でもできる」と言う子供が多かった。そこで、587×34という3桁×2桁の筆算を提示した。

答えが出なかった子供もいたが、「分けて計算すればいい」という着眼点のもと、ほとんどの子供が筆算の仕方を考えることができていた。

(4) 実践の振り返り

発想の源を問うと、「簡単になるから」という言葉が子供から出ることがある。本実践においても、「どうして23を20と3に分けようと思ったの？」と問うと、「分けたら計算が簡単になるから」と答える子供が多かった。

この場合は、「なぜ簡単なのか？」ということを考えさせたい。簡単な理由を考えていくと、発想の源が言語化されていく。

本実践であれば、「23を20と3に分けると、13×20、13×3という計算をすればいい。この計算は学習していて計算することができるので、23を20と3に分けた」という趣旨の言葉が子供から出てくる。13×23という計算はそのままではできないが、23を20と3に分けることで、既習の内容を使

うことができるようにしたいということである。
　「なぜ簡単なのか？」という問いに、すぐに答えられる子供は少ない。特に、低学年から中学年の子供にとっては、抽象度の高い発問である。しかし、少し授業が停滞したとしても、「簡単」な理由について考えることで、解法の根幹となる考え方が言語化される。
　そうすれば、いくつかの解法を考えた後、本質的な考え方を顕在化させることにつながっていくのである。
　最初は、「なぜ簡単なのか？」という問いには、子供はなかなか答えられない。しかし、「なぜ簡単なのか？」ということを繰り返し考えるうちに、「簡単」な理由を考える子供も増えていくだろう。
　また、次の時間、その次の時間にも、同様な考え方が出された際に、「なぜ簡単なのか？」の理由について説明できる子供が増えることは間違いない。
　少しずつ発想の源を自分自身で問える子供を増やしていくのである。最初のうちは、発想の源を問うて子供が考えられなくても、焦らずに待つことが大切である。そして、発想の源が言語化されたら、確実に全員で共有していくように心がけていく。そうすれば、発想の源を問うことを、子供自身が少しずつできるようになっていく。

第4学年

複合図形の面積

(1) 本質的な考え方が何かを考える

複合図形の面積の学習における本質的な考え方は、「面積を求められる形にする」という考え方である。

本時では、下のような複合図形を扱った。この複合図形は、そのままでは面積を求めることができない。そのために、今まで学習した面積を求められる形を使って面積を求めるのである。

今まで学習した面積を求められる形というのは、この時点では長方形と正方形である。この複合図形を、分けたり、変形したりしながら、面積を求めることができる長方形や正方形にするということが必要になる。

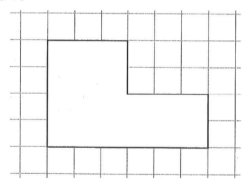

「面積を求められる形にする」という考え方を顕在化させるとともに、「なぜ、長方形や正方形にするのか？」ということを考えることを忘れないようにしたい。

もし、上記のような複合図形の求め方を知っているのであれば、なにも長方形や正方形にする必要はない。しかし、面積を求める方法を知らない。だから、今まで学習してきた面積を求められる形である長方形や正方形にするのである。

(2) 発想の源を問う場面を考える

　発想の源を問う場面としては、複合図形の面積の求め方の多様な解法が説明された後である。そこで、「どうして長方形（正方形）にしようと思ったの？」と問うのである。
　第4学年で扱う複合図形は、長方形や正方形を連想しやすい。そのため、子供は無意識に長方形や正方形にしてしまう。だからこそ、「なぜ長方形（正方形）にしようと思ったの？」と問う必要がある。
　そうしなければ、「面積を求められる形にする」という本質的な考え方は子供から出てこないのである。
　面積の学習は、第5学年、第6学年と続いていく。その際、平行四辺形や三角形、円の面積の求め方を自分で創り出せる子供にしたい。
　そのためには、「面積の求め方を知らない形は、面積の求め方を知っている形にすればいい」という着眼点をもっておく必要がある。
　よって、第4学年で複合図形の面積の求め方を考える際は、「どうして長方形（正方形）にしようと思ったの？」と発想の源を問い、将来の面積の学習において、自分で面積の求め方を創り出せるような発想の源を養わせておく必要がある。

(3) 実践の内容

　複合図形を提示し、面積を求められるかを問うた。すると、「この形の面積の求め方は習っていない」というつぶやきがあったので、「今まで学習したことがある、面積の求め方を知っている形は何か」を問い、長方形と正方形であることをクラス全体で確認した後、自力解決を行った。
　自力解決後、最初に出された解法が次頁の写真のものである。
　そのままでは面積が求められないので、大きな長方形を作って面積を求め、そこから余分な部分の長方形の面積をひくという解法である。

ここで、「どうして長方形にしようと思ったの？」と発想の源を問うた。「ガタガタだとわかりにくいから」という答えが返ってきた。ここで「わかりにくいけれど、このままで面積は求められるの？」と問い返した。すると、「このままでは面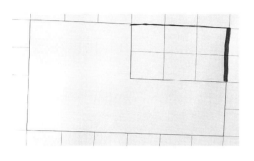
積は求めることはできない」「この形の面積の求め方は習っていない」という答えだった。そして、「面積の求め方がわからないから、長方形にした」という考え方にまとめていった。

次に出されたのが、下の写真の2つの解法である。はじめに左の解法が出されたので、説明をしてもらった。説明が終わるとともに、「似ている！」と言う子供の考え方を発表してもらった。それが右の解法である。

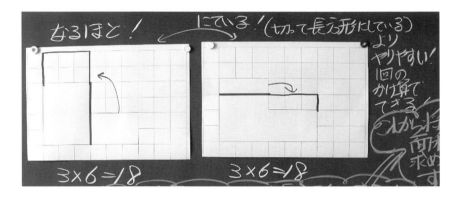

2つの解法とも、等積変形をして1つの大きな長方形にしているところが同じであることを確認した後、ここまで出てきた3つの解法に対して、「3つのやり方はそれぞれ違うけれど、すべて同じ考え方が使われているんだけ

どわかるかな？」と、解法の共通点について問うた。
　子供からは、すぐに「長方形にしている！」と返ってきた。すかさず「どうして長方形にしたのかな？」と問い返すと、「面積の求め方を知っているから」と答えてくれた。

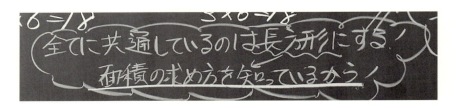

　この後、さらに2つの解法を紹介し、複合図形の面積の求め方については終わりにした。以下、1時間のやり取りを残した板書である。

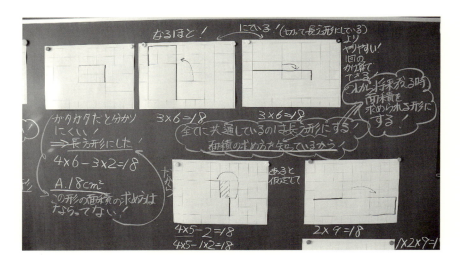

　最後に、第5学年では平行四辺形や三角形、第6学年では円の面積の求め方について考えることを伝え、そのときはどんな考え方を使えば面積の求め

方を考えることができそうなのかを問うと、「面積の求め方を知っている長方形にすればよさそうだ」という答えが返ってきた。また、「平行四辺形や三角形の面積を習ったら、その形にすることもできそう」という子供もいた。

(4) 実践の振り返り

　第4学年で扱う複合図形の教材は、多様な解法が出され、子供も意欲的に取り組む。しかし、それだけでは意味がない。将来の学習を見越して、「このままでは面積を求めることができないから、面積を求められる形にしてみた」という発想の源に気付かせる必要がある。

　そうすることで、将来の学習において、面積の求め方を知らない形でも、自分で面積の求め方を創り出せるようになるのである。

　本実践においても、上記のことを心がけて実践を行った。長方形にしたことだけを価値づけるのではなく、「どうして長方形にしたのか？」というところに発想の源を設定し、問うていった。その結果、「長方形は面積の求め方がわかるから、長方形にした」という、面積の学習の本質的な考え方に辿り着くことができた。

　子供の学習感想からも、ただ長方形にするというだけでなく、「面積を求められる形にする」という考え方について書かれてある感想が多かった。

　　　大事なもとめ方
　　　は長方形、知って
　　　いる形、求められ
　　　る形に変えるとい
　　　う考え。

> 面積を求めるには、自分がならっている形にする方がいいことがわかりました。

中には、三角形の面積の求め方を考えている子供もいて（計算は間違えていたが、考え方は正しかった）、将来の学習において、平行四辺形や三角形、円の面積の求め方を考える際、「面積を求められる形にしてみよう」という着眼点をもって取り組めることを期待できる子供が多くいると感じた。

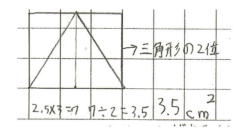

難しかったのは「どうして長方形にしたの？」という発想の源を問う場面であった。

第3学年の実践同様、まず子供からは「簡単になるから」や「計算しやすくなる」という言葉が返ってきた。これは、発想の源を問う授業を始めたときには、必ず子供から返ってくる言葉である。

こういった場合は、「なぜ簡単になるのか？」「どうして計算しやすくなるのか？」ということを問い返していく必要がある。多くの場合は、「前に習ったことを使えるから」というところに帰着する。

発想の源を問うことを続けていくと、少しずつ子供が既習の内容に結び付けていけるようになる。最初のうちは、「既習の内容と結び付ける」という視点が子供にはないので、教師から示していくことも必要である。だんだん

と、子供が既習の内容と結び付け、「前にやった〇〇ということを使えばできると思ったから」というような言葉が出てきたら、それは発想の源を問う授業の成果が表れている証拠である。

おわりに

　発想の源を問うということだけに焦点を当てて1冊の本を書いたのには、それだけの価値があると考えたからである。

　私は、どうしても目の前の1時間の授業にとらわれてしまい、なかなか広い視野で授業を構築することができないでいた。「目の前の1時間をどうするのか」ということばかりに目を向けてしまっていた。その結果、未知なる問題に立ち向かえるような、力強く、そして自立した子供を育てることができなかったのである。
　いろいろな先生と話していると、同様なことを感じている先生が多いことに気付いた。そこから試行錯誤を繰り返し、発想の源を問うことに辿り着いたのである。

　発想の源を問うことで、子供が自分自身に目を向けるきっかけをつくることができる。「どうしてそうしようと思ったのか？」と聞かれることで、自分が思考したことの根幹を見つめ直すことになる。これは、算数においても大切なことではあるが、実は、人として成長していく上でとても重要なことである。自分の考えや行動を顧みることで、自分の強みや弱み、考え方の傾向を分析することもできるようになる。そうすれば、おのずと将来に向けて何をしていくべきか見えてくる。そういった思考回路こそが「創造力」なのである。

おわりに

　発想の源を問うことで、算数を自ら創り出せる子供を増やしていきたいと考え、実践を積み重ねてきた。そして、発想の源を問い続けることで、ある程度の成果が現れてきていると感じる。これからも、発想の源を問い、子供に「創造力」を養うことの可能性を探っていきたい。そのためには、私一人の実践では不十分である。本書をお読みいただいた先生方にも、発想の源を問う実践をしていただき、ご意見をいただけるとありがたい。

　本書は、新しい時代の算数の授業を考えていくためのきっかけになればと考えて執筆した。発想の源を問うことでなくてもよいので、読んでいただいた方に、「もっとこうすべきだ」ということを考えるきっかけになれば幸いである。

　最後に、本書の編集を担当していただいた東洋館出版社の畑中潤氏に深く御礼申し上げ、おわりの言葉とさせていただく。

平成31年3月
加固　希支男

【参考・引用文献】

いかにして問題をとくか（1954）G.Polya．柿内賢信訳，丸善出版，P9-26.
教育の過程（1963）J.S.Bruner．鈴木祥蔵・佐藤三郎訳，岩波書店，P73-74.
発見的な学習指導のあり方（1966）原弘道，日本数学教育会誌第48-2巻.
数学的な考え方を伸ばす指導（1969）菊池兵一，北辰図書，P51.
算数・数学教育と数学的な考え方（1981）中島健三，金子書房，P49，70，127.
1）論理的な思考力や直観力を育てる（1989）清水静海監修，小西繁編，明治図書，P8-9，40.
和田義信著作・講演集4 講演集（2）考えることの教育（1997），東洋館出版社，P146〜147，150，197.
小学校学習指導要領解説算数編（2018）文部科学省，P21-29，246.
深い学び（2018）田村学，東洋館出版社，P37，54-55.
数学的な見方・考え方を働かせる算数授業（2018）盛山隆雄・加固希支男・山本大貴・松瀬仁，明治図書，P12-31.

加固希支男（かこ きしお）

1978年東京都生まれ。立教大学経済学部経済学科を卒業し、2007年まで一般企業での勤務を経験した後、明星大学通信教育部にて小学校教諭免許を取得。2008年に杉並区立堀之内小学校教諭、墨田区立第一寺島小学校教諭を経て、2013年より東京学芸大学附属小金井小学校教諭。2012年7月に、自身が所属する志の算数教育研究会（志算研）の共同研究が「第61回読売教育賞最優秀賞」（算数・数学教育）を受賞。2018年度より、リクルートのオンライン学習サービス『スタディサプリ』の算数を担当。日本数学教育学会算数教育編集部幹事。主な著書に、『なぜ算数の授業で子どもが笑うのか』（単著・東洋館出版社）、『10の視点で授業が変わる！ 算数教科書アレンジ事例30』『11の視点で授業が変わる！ 算数教科書アレンジ事例40』『誰でもできる算数あそび60』（共著・分担執筆・東洋館出版社）、『数学的な見方・考え方を働かせる算数授業』（共著・明治図書）等がある。

発想の源を問う

2019（平成31）年3月25日 初版第1刷発行

著 者：加固希支男
発行者：錦織圭之介
発行所：株式会社 東洋館出版社
　　　　〒113-0021　東京都文京区本駒込5-16-7
　　　　営業部　TEL 03-3823-9206／FAX 03-3823-9208
　　　　編集部　TEL 03-3823-9207／FAX 03-3823-9209
　　　　振　替　00180-7-96823
　　　　U R L　http://www.toyokan.co.jp

装　幀：水戸部功
印刷・製本：藤原印刷株式会社

ISBN978-4-491-03692-2　　　　　　　　　　　Printed in Japan

JCOPY ＜(社)出版者著作権管理機構 委託出版物＞
本書の無断複写は著作権法上での例外を除き禁じられています。複写される場合は、そのつど事前に、(社)出版者著作権管理機構（電話 03-5244-5088，FAX 03-5244-5089，e-mail: info@jcopy.or.jp）の許諾を得てください。

なぜ算数の授業で子どもが笑うのか

- ▶算数を教える意味とは
- ▶教材研究をするには
- ▶間違いを恐れない子を育てるには
- ▶創造力を育てる授業をするには…etc.

加固先生の魅力が詰まった大好評書籍!!

「算数を楽しむ子どもを育てるにはどうすればいいのか」。算数を教える意味、子どもの笑顔が絶えない授業の作り方、教材研究の仕方など、授業をもっとよくするためにできる33のことを掲載。若い先生の悩みに応え、明日からの算数授業を少し変えてみたいと思っている先生の役に立つ、授業づくりの入門書。

本体価格 1,800 円 + 税

東洋館出版社

〒113-0021 東京都文京区本駒込5丁目16番7号
TEL: 03-3823-9206　FAX: 03-3823-9208
URL: http://www.toyokan.co.jp